I0032490

¿Te atreves a innovar?   Como emprender y no morir en el intento.

Presentación

Atreverse a innovar es una constante en el ser humano para que la humanidad progrese. Decía Ortega y Gasset que *"sólo es posible avanzar cuando se mira lejos. Solo cabe progresar cuando se piensa en grande"*. A veces las presentaciones de los libros acaban siendo más grandes que el propio libro. Por eso decidí iniciar también una aventura innovadora en él. Pensé que la presentación debía hacerla plural, diversa, colaborativa, y diferente. Me puse en contacto con algunos de los innovadores más inspiradores que yo he conocido y les expliqué el proyecto del libro con detalle. Les pedí que pensaran sobre que le dirían a un emprendedor o a una persona innovadora para hacerles llegar un estímulo para el atrevimiento. Aquí está el resultado. Han colaborado personalidades como **Steve Wozniak**, cofundador de Apple con Steve Jobs, y genio de la informática y visionario de la innovación a nivel global, **Laura Arrillaga-Adreesse**n una gran emprendedora de la filantropía, **Dick Costolo**, ex CEO de Twitter, **Tony Want**, exdirector de expansión internacional de Twitter, **Jonathan Nelson**, un emprendedor del Silicon Valley y creador del Hacker Dojo, **Laura I. Gomez**, joven mujer emprendedora distinguida por Hillary Clinton como una de las mujeres de mayor influencia en USA en la comunidad latina, o los innovadores y emprendedores españoles como son **Raúl Berdonés**, emprendedor y CEO del Grupo de Comunicación Secuoya, uno de los mayores grupos de comunicación de España, **Raul Jimenez** de minube.com , **Javier Burón**, CEO de SocialBro, **Rodolfo Carpintier**, emprendedor con una extraordinaria experiencia en la ayuda a otros emprendedores y Presidente de DAD, **Marc Vidal**, emprendedor Catalán que inspira también a numerosos emprendedores, **Jose Antonio Rodriguez Salas**, Alcalde de Jun y emprendedor desde los público de iniciativas municipales que han sido objeto de estudio del propio MIT, **JJ de la Torre**, chileno y un innovador que trabaja actualmente en la región del Medio Oriente (MENA), o **Alfonso Alcántara** (@yoriento), autor del libro #Superprofesional.
Tengo que decir que la gran mayoría acogieron con complicidad la petición. Y también tengo que confesar que ha sido uno de los momentos en los que más he disfrutado en el proceso de escribir el libro. A todos les pedí que me enviarán un tweet, una frase para hacerle llegar a los innovadores su experiencia, su conocimiento, su reflexión más certera para atreverse a innovar. Y a continuación vemos sus reflexiones en forma de tweet:

Steve Wozniak @stevewoz · 16 h

Live your dream and do not forget the important thinks in live. Work and eniov wath thev do

Vive tu sueño y no te olvides de la importancia de pensar en la vida. Trabaja y disfruta con lo que haces.

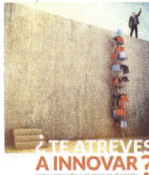

ᴐʌɘʇƨ | ¡Atreve a innovar!
Mi frase como consejo a los emprendedores y lectores del libro de @juanfradelgado
swarmapp.com

Arrillaga-Andreessen @LAAF · 24 sept.

"Tenemos la capacidad para dar forma a nuestro legado de principio a fin con el trabajo, como mi padre ha hecho, combinar todos nuestros recursos para maximizar su impacto. Siempre debemos dar nuestro mayor potencial"

dick costolo @dickc · 1 oct.

When you're doing what you love to do, you become resilient. You create a habit of taking chances on yourself.

Ver traducción

Jonathan Nelson @iamelgringo · 19 ago.

Imagine the absolute worst thing that will happen when you fail? If you can tolerate those consequences, you can afford to take the risk. Now, chase your opportunity and know you'll survive the worst.
When I moved to silicon valley, I heard that one out of ten startups fails. So, I planned on building ten companies over ten years.

Raúl Berdonés @raulberdones · 14 h

El emprendimiento es una decisión personal. Es elegir emprender un camino en lo que te gusta y detectar una oportunidad. La pasión y dedicación son imprescindibles.

100   87

Tony Wang @TonyW · 26 sept.

"Is the world going to be better or worse because of the impact you've had? You can multiply your hopefully positive impact by innovating."

laura i. gómez @laura · 23 sept.

"Para emprender una startup debes tener en cuenta que tu percepción de las oportunidades es la que marca la diferencia"

Ver traducción

Raul Jimenez @rauljimenez · 29 sept.

minube en el Top 3 Comscore en España (multiplataforma)

Si quieres emprender, tienes que ser un soñador y un luchador, un poco inconsciente y no tener prisas. Disfruta del camino.

3   18

Alfonso Alcántara @Yoriento · 3 h

Emprender es convertir en negocio lo que tú ya sabes hacer, no es inventarse milongas

RETWEETS   FAVORITOS
3   11

21:04 - 5 oct. 2015 · Detalles

J.J. De la Torre @DelatorreJJ · 16 h

"Innovar es dejar lo cotidiano, seguro y clásico respondiendo a un desafío que busca mejorar, repensar y muchas veces desechar lo existente"

Ver traducción

2:23 - 3 oct. 2015 · Detalles

Rodolfo Carpintier @RCarpintier · 17 sept.
#TAINOMI usa tu capacidad de análisis para descubrir oportunidades de negocio del Siglo XXI y ve a por la mejor sin dudarlo

FAVORITO
1

14:42 - 17 sept. 2015 · Detalles

Marc Vidal @marcvidal · 9 h

Innovar emprendiendo es una revolución íntima. Es como acariciar la textura de los sueños. Haz algo nuevo, haz algo mejor, pero hazlo.

Alcalde de Jun @JoseantonioJun · 29 sept.
@Juanfradelgado un día se asomó por Cerro del Chifle de Jun la brisa de la innovación y me empujó a lanzar esa piedra en el estanque dormido

RETWEETS   FAVORITOS
44   17

23:33 - 29 sept. 2015 · Detalles

Tweet fijado

Javier Burón @javierburon · 28 abr. 2014

"Da gracias de poder innovar, de poder crear y de emprender, otros no tienen esa suerte"

Ver traducción

A todos y todas ellas muchas gracias por compartir este apasionante viaje y comunicar su visión innovadora. Ellos si se atrevieron a innovar.

A todos los que me enseñaron que debía pensar de otra manera a como pensaba todo el mundo, haciéndolo con pasión, constancia, esfuerzo y honestidad.

A mi padre y mi madre que tanto me enseñaron desde la humildad.

A Lola, Juanfra y Alvaro, mi luz.

© 2015 Juan Francisco Delgado Morales

Derechos y permisos

El material en este trabajo está sujeto a derechos de autor. No obstante el autor alienta la difusión del conocimiento, y por ello este trabajo puede ser reproducido, en todo o en parte, para fines no comerciales, siempre y cuando el autor autorice la plena difusión, citando siempre las fuentes originales. Cualquier consulta sobre derechos y licencias, incluyendo derechos subsidiarios, debe ser dirigida al e-mail del autor: juanfradelgado@gmail.com quien deberá autorizar expresamente su uso.

Indice

Introducción

La crisis financiera del año 2008 puso patas arriba muchas cosas en el mundo. Especialmente en España y en los países del sur de Europa. Hace unos años muchas de las personas que trabajaban en la administración pública española comenzaban a encontrarse con una situación insólita. Se comenzaban a despedir empleados públicos por doquier, se recortaban sueldos y se suspendía el acceso a la administración pública. Había estallado la tormenta perfecta de la crisis económica que había puesto patas arriba todo lo que la llamada "década prodigiosa" de la economía española y occidental había generado. La crisis de la llamada burbuja inmobiliaria, la crisis financiera posterior, la crisis energética surgieron como un tsunami que arrasaba con todo, incluida la hasta ahora segura administración publica, tradicional, refugio de oleajes del mercado para mucha gente con talento que recalaba en estas costas más tranquilas. Esta crisis internacional arrastró una crisis de financiación de las deudas públicas de los gobiernos y obligó a un recorte drástico y lineal de los servicios públicos que tantos años y tanto sacrificio había costado. Se desaprovechó la ocasión para poder optimizar los servicios públicos racionalizando muchas de las duplicidades e ineficiencias existentes. Se optó por la devaluación real de la economía en un 30% aproximadamente "a las bravas". Se recortaron inversiones relacionadas con el crecimiento, muchas de ellas relacionadas con el I+D tanto en las empresas públicas como en las privadas.

En el ámbito privado la situación fue también dramática. Despidos, cierres de negocios, las empresas sin crédito, bancarrotas, ruinas.... Han sido unos años de una crudeza tremenda a nivel internacional y especialmente en los países del sur de Europa.

En esta situación de la economía va surgiendo un movimiento cada vez más intenso relacionado con la innovación y el emprendimiento. Parece una moda o peor aún un modismo. Pero no . España y en general los países de Latinoamerica se incorporan tarde a un movimiento que lleva moviéndose en el mundo prácticamente desde la segunda guerra mundial, unos cincuenta años en Estados Unidos y muy pocos menos en otros países como el Reino Unido, Australia o Israel. Un movimiento auspiciado por empresas y por algunas administraciones y gobiernos que ha intentado conectar con los economías consolidadas en relación con la innovación y con los países emergentes donde surgían innumerables oportunidades. El talento estaba, las ideas también y faltaba quizás el método y la actitud para avanzar. La llegada de cada vez más fondos de inversión internacionalizados y de un emergente movimiento de redes de business angels locales están moviendo este empantanado panorama de la economía emergente relacionada con la innovación y el emprendimiento.

En este sentido este libro pretende ser una ayuda, un apoyo para todos aquellos que deciden atreverse a innovar. Pretende ser un apoyo práctico, con una pormenorizada aproximación a la realidad y a las oportunidades que existen y que las tendencias futuras nos van a poner delante.

Largo el camino, pero estimulante. Difícil para un innovador. Yo creo que a la pregunta del principio, el innovador ha de ser atrevido, un poco nace con ello. Pero también se va aprendiendo a lo largo de la vida. Aquí encontrarás no sólo reflexiones, conocimiento, fórmulas para innovar, sino también herramientas concretas que basadas en la práctica ayudarán a dar el salto para que tu atrevimiento sea un paso con los pies en el suelo, pero con la vista en el cielo. Aquí me gustaría que tuvieras presente la cita de Maxwell *"Cuando quieras emprender algo, habrá mucha gente que te dirá que no lo hagas, cuando vean que no te puedes detener, te dirán como lo tienes que hacer y cuando fundamentalmente vean que lo has logrado, dirán que siempre creyeron en ti"*.

¿TE ATREVES A INNOVAR?

Como emprender y no morir en el intento

Juan Francisco Delgado Morales

"The world is crying out for new ideas. The capacity for new thinking - or turning old ideas into new applications - has really never been more important."

Sir Ken Robinson

Capitulo 1

Atrévete a innovar

Muchos años de trabajo, casi treinta, varios libros a mis espaldas, pero ninguno me ha estimulado más que este para escribirlo. Emprender, innovar es algo que refresca , que estimula , que engancha. Es algo que te mantiene despierto. Es algo que te hace saborear muchos de los momentos que vives con otro ¨aire¨. Innovar no es tarea fácil. Salir de la zona de confort es quizás el ejercicio que más endorfinas segrega tu cerebro, que más estimula tu adrenalina. Hacer posible el cambio en tu realidad más cercana es algo tremendamente estimulante.

Tengo muchas anécdotas e historias estimulantes que podía contar de gente que ha encontrado en la innovación o en la innovación social social un motivo para vivir, para reinventarse. Quizás una de la que más me hizo que pensar fue la de una mujer que me abordó en un pasillo de un salón de actos de un municipio de Sevilla (El Coronil) cuando me disponía a inaugurar unas Jornadas sobre Comunicación e Innovación Social. Me dijo muy categóricamente: Gracias al trabajo que estáis realizando de innovación social he podido tener unos ingresos para mi familia y lo que es más importante, me siento muy útil y recompensada. Era una mujer sencilla, de mediana edad, una ama de casa. Había aprendido a poner en valor lo que ella mejor sabía. Sus conocimientos y experiencia sobre la cocina los había comenzado a compartir en internet a través de un Blog[1] y había comenzado a facturar por publicidad, una revista muy conocida (La revista Hola) le había contratado una sección y le enviaba un cheque periódicamente y determinadas marcas también le daban ingresos por poner sus productos en las recetas de cocina y referenciarlos. Había convertido su mejor conocimiento en un producto, lo había servido convenientemente con una buena comunicación y había buscado un modelo de negocio rentable. Hoy cuando ya la cocina en internet se ha convertido en un negocio pingüe que da numerosos ingresos a muchos cocineros reputados, ella en el año 2010 se adelantó con nuestra ayuda para desarrollar su modelo de negocio y su forma de vida. Hoy expande su negocio y ha hecho nuevos acuerdos con otros innovadores para ampliar su red de innovación. *María* , sin saberlo, me ayudó a ver que la evangelización y los recursos que estábamos destinando a promover la innovación comenzaban a dar sus frutos. Como María había varias decenas de proyectos que ya empezaban a alumbrar el hecho de que quien quiere cambiar las cosas sabe que no es algo fácil, que es algo complicado. Pero como decía Dale Carnegie ¨...la mayoría de cosas importantes han sido logradas por personas que lo han seguido intentando cuando parecía imposible¨.

Unas veces se gana y otras se aprende: ¿Fracaso?

Tenemos ejemplos también en el mundo que esto lo certifican. Se trata de aprender, de reinventarte. Yo digo muchas veces una frase que no sé muy bien

---

[1] Los Blogs de Maria http://www.losblogsdemaria.com/

quien es su autor, pero que resume bien esto: **"Unas veces se gana y otras se aprende"**. De hacer que tu actitud ante el fracaso sea contagiosa en tu entorno. Aprender de los errores. Si todos miramos a Steve Jobs[2] , un mito de la innovación en nuestro tiempo y miramos su biografía hay muchas cosas que podemos destacar, pero quizás su enfoque en momentos difíciles de su vida es lo más aleccionador. En un momento de su vida estaba devastado, deprimido. Le habían echado de la compañía que él mismo había fundado (Apple), y él afirmaba "Estoy convencido de que la mitad de lo que separa a los emprendedores exitosos de los que no triunfan es la perseverancia.Es tan difícil, pones tanto de tu vida en esto, hay momentos tan duros en que la mayoría se da por vencida, no los culpo, es muy difícil y consume gran parte de tu vida. () A menos que tengas mucha pasión en lo que haces no vas a sobrevivir, vas a darte por

> Fracasa y aprende, fracasa y emprende, fracasa y persiste. La historia de los grandes cambios que se han dado en el mundo está llena de fracasos y de vueltas a empezar

vencido." Después de esos momentos duros , fundó Pixar Pictures con la que triunfó con películas como Toy Story, triunfando en el negocio de la animación (hasta ese momento desconocido para él) y para su satisfacción Apple tuvo que reclamarlo otra vez, llamarlo de nuevo, para poder reflotar la empresa cuando se hundía. Tras su nueva llegada Apple lanzó los nuevos Ipod, la Apple Store, la larga serie de Iphones, los Ipads… y la empresa lideró el desarrollo tecnológico mundial. Al igual que Jobs, otros como Eminem que dejó la escuela, se sumió en el mundo de las drogas y en un submundo de pobreza y le llevó a un intento de suicidio. Después fue capaz de vender 155 millones de albums de sus canciones, ganar 15 gramos y un Oscar. Otro ejemplo de persistencia y reinvención. Alfonso Alcantara (mas conocido como @Yoriento) , buen amigo y mejor profesional de las nuevas oportunidades 2.0 lo habla en su libro #Superprofesional[3] mucho más extensamente de estas reinvenciones profesionales.

Pero no sólo existen estos grandes ejemplos de hombres o mujeres que han conseguido sus éxitos en grandes empresas o han sido reconocidos mundialmente, como el de María también existen muchos otros que me hicieron emocionarme. Por ejemplo Juan José de la Villa, maestro remero, un pescador de Punta Umbria (Huelva) que a sus 55 años la reconversión del sector pesquero lo envió al desempleo. Entró en el barco con apenas 12 años, casi un niño, y aprendió el arte de la pesca desde esa edad. Por contra no aprendió ni a leer, ni a escribir.

---

[2] Biografia de Steve Jobs de Walter Isaacson http://speak-spanish.ru/wp-content/uploads/stjo.pdf
[3] #Superprofesional , el libro de @yoriento http://yoriento.com/libros/superprofesional/

El conocimiento que atesoraba estaba alrededor del barco, de la mar, de las redes y sus nudos para la la pesca. Su familia estaba desesperada con él. No tenia actividad alguna y lo que es peor no sabia que hacer en todo el día. Entonces fue cuando decidió ir a un Centro de Innovación Social de la Red Guadalinfo en Andalucía. Alli encontró un mentor, Fausto, quien con la técnica del Master Mind le ayudó a pensar su nuevo negocio basado en el mejor conocimiento que tenía, el de los hilos y los nudos. Me abordó en unas Jornadas en las que participaba. Me dijo que quería hablar conmigo "a solas" porque tenía un problema y quería que le ayudara. Me contó que comenzó con la artesanía y a vender sus obras a través de su página de Facebook y de su web, muy simple pero efectiva. Apenas su e-comerce era poner las fotos de lo que hacía y su teléfono de contacto para los encargos. Me contó que su trabajo despegó de forma exponencial con pedidos de muchos lugares del mundo. Me pidió mediación ante las autoridades municipales de su pueblo para conseguir una nueva nave de trabajo donde pudiera emplear a más gente , con más espacio. Necesitaba ampliar su negocio. Otro ejemplo de cómo podemos reinventarnos desde lo más sencillo, desde la opción más humilde y cerrada.

Ejemplos como el de Juan José o el de María afortunadamente hay ya muchos. La innovación social y los procesos de apoyo desde los gobiernos y administraciones, así como desde muchas organizaciones sociales (como la Fundación telecentre.org[4] , o **TechSoup**[5] , **Ashoka**[6], por ejemplo) están haciendo posible esta hermosa realidad. Conozco bien a las dos primeras y sus esfuerzos por trabajar en este tema. El Spark Lab en Barcelona es un ejemplo de ello. TechSoup y su ecosistema de innovación, asentado sobre los pilares del Silicon Valley hacen una extraordinaria labor desde que Daniel Bel Horim los fundó.

Cuando me decidí a escribir este libro no sabía ni por donde iba a discurrir esta aventura. Los casos que había conocido y la labor de mucha gente en el mundo me animaban a escribir lo que quería ser una buena guía para innovar. Hablar de innovación siempre había sido aburrido sobre todo para aquel que escucha o que lee uno de esos libros que parecen un manual de autoayuda para enseñarte a innovar a estimularte a hacerlo. Todos eran y son muy útiles. Quizás todos empiezan con el noble propósito de ayudar a configurar una serie de herramientas o ¨recetas¨que pueden ayudar de forma simple a ponerse manos a la obra para desarrollar esta aventura.

---

[4] La Fundación Global de Telecentros impulsa la iniciativa SparkLab que impulsa proyectos de Innovación Social, sobre todo con la tecnología móvil. Más información en telecentre.org

[5] Es una Organización no Gubernamental que desarrolla iniciativas de innovación en el ámbito tecnólogico http://www.techsoup.org/.

[6] Asoka es una ONG global que desarrolla interesantes iniciativas de innovación Social en el mundo y una extraordinaria labor. Hablaremos en el capt. 5 de ella. Más información en https://www.ashoka.org/

Quizás haya sido muy necesario empaparme de dos docenas de ellos, conjugarlo con la experiencia de estos años de trabajo con innovadores y emprendedores, para poder compartir este libro hoy con mis lectores. Todos han sido muy útiles y de todos he podido sacar muchas de las cosas que vamos a poder compartir. Escribir en una época en la que los libros no volverán a ser iguales, en la que la sociedad está alumbrando una nueva era, la de internet que -fuera de tópicos- va a significar un cambio de paradigma en todos los ámbitos de la vida, y sobre todo va a poner encima de la mesa la permanente y cada vez más acelerada coyuntura de cambio continuo a la que vamos a tener que adaptarnos de forma contínua. Cuando ya hemos aprendido a adaptarnos a una nueva forma de estar, nuestra zona de confort será literalmente ¨volada¨por una carga de megas, o por un nuevo dispositivo o aplicación que nos hará la vida completamente distinta.

¿El innovador nace o se hace?

La idea de este libro nació el día que empecé a conocer las posibilidades que ofrece la innovación. Mi experiencia ya venía de antaño. Tuve el privilegio de participar en la introducción de la tecnología en los servicios públicos a partir de los años 90, nuevos servicios de administración electrónica, y del incipiente gobierno abierto, de nuevos servicios como la Teleasistencia Domiciliaria -una autentica innovación y revolución en el campo de los servicios sociales (hablamos de 1993)- y de otros servicios innovadores ligados a la gestión del conocimiento. Y fue a partir de 2007 cuando desde la dirección de la **Red Guadalinfo**[7] pude adentrarme en los procesos, los recursos y los facilitadores de la innovación. Esta Red es una red de centros y de recursos humanos que tras un amplio recorrido por la formación de la gente en nuevas tecnologías de la información y de la comunicación , y a la alfabetización digital para los más rezagados, en

> El innovador nace y se hace. Es una actitud
> ante la vida y como tal un poco se trae en los
> genes y otro mucho se aprende

una amplia región del sur de España como es Andalucía, a partir del año 2009 se dedicó a generar innovaciones sociales ligadas al uso de la tecnología y al aprovechamiento de la nueva era de internet. Esto ha dado como resultados fundamentalmente una cultura , una dinámica y unos procedimientos que han llevado el conocimiento y la innovación a personas que tendrían menos oportunidades de no existir esta red pública en las zonas rurales y en las zonas urbanas

---

[7] Pueden encontrar más información en http://consorciofernandodelosrios.es y http://Guadalinfo.es

más deprimidas. La preparación y fundamentalmente la motivación de los profesionales de esta red fué -sin duda alguna- la mayor palanca de transformación hacía la innovación. Se puede encontrar la información en esta presentación que refleja sin duda muchos de los procesos que vamos a analizar en este libro[8].

También la experiencia de otras redes , el haber podido compartir conocimiento con la Red Española de Telecentros[9] , en la Red Europea de Telecentros[10] y en la Red Europea de Living Lab[11]. Esta última ha tenido para mi una especial importancia, fundamentalmente por la posibilidad de colaborar con especialistas en innovación sobre las distintas experiencias de innovación abierta en Europa y en otros países Latinoamericanos. En ella realizamos una publicación editada por el Banco Mundial de referencia global sobre experiencias de innovación en el mundo "Citizen Driven innovation"[12], una guía de referencia para Alcaldes y responsables de políticas públicas. En ella se hace referencia a nuestro foco de trabajo y se subraya como un importante experiencia de mentorización en núcleos rurales la de la Red Guadalinfo.

La propia **Unión Europea** realizó un estudio sobre el impacto de las políticas de Innovación Social y de fomento del emprendimiento en varias regiones de Europa. La Red Guadalinfo fue sometida a esta evaluación y los resultados fueron bastante esperanzadores para el programa *"#Innycia"[13]*. Había una causalidad y una relación positiva entre #Innycia y sus impactos esperados respecto al empleo y al emprendimiento y había evidencias de que servía la estrategia de innovación social para ganar el combate al desempleo y como apoyo a la estrategia de mejora de la competitividad de la región de Andalucía. Así por ejemplo la tasa de supervivencia promedio de las empresas es de aproximadamente 25% mayor para las que han tenido este apoyo que para el resto. De la misma manera, el número medio de empleados que han encontrado trabajo es un 15% más alto en los proyectos de *Innycia* que en los demás. El estudio demuestra

---

[8] Social Innovation: A tour of social innovation on Guadalinfo Network
http://prezi.com/nk53wf5v0koj/?utm_campaign=share&utm_medium=copy&rc=ex0share
[9] Asociación de Comunidades de Redes de Telecentros http://comunidaddetelecentros.net
[10] Telecentre Europe: http://www.telecentre-europe.org
[11] Red Europea de Living Lab (laboratorios de innovación ciudadana)
http://www.openlivinglabs.eu/
[12] Citizen-Driven Innovation: A guidebook for city mayors and public administrators .
World Bank and ENOLL (2015) http://openlivinglabs.eu/sites/enoll.org/files/Citizen_Driven_Innovation_Full%284%29.pdf
[13] INN&CIA - ICT-enabled social innovation for employability and entrepreneurship,
Guadalinfo, Andalusia, Spain , European Comission. Institute for Prospective Technological Studies (2014) https://ec.europa.eu/jrc/sites/default/files/jrc89462_-_main_report.pdf

como la estrategia de innovación desarrollada aumentaba en número de clientes. La evaluación constataba que estábamos en buena línea para el desarrollo del futuro de la **Agenda Digital Europea**.

Visto y leídos los documentos finales de la Comisión Europea y del prestigioso Instituto de Prospectiva Tecnológica podemos concluir que las experiencias de políticas públicas y de colaboración público/privadas son útiles para mejorar la empleabilidad y la mejora de la calidad de vida de los territorios donde se llevan a cabo. A grandes rasgos esto es así. Luego , en la práctica, hay realidades muy distintas. La burocracia en general actúa como un autentico "bálsamo paralizante" del crecimiento de la innovación. A veces se crea también el famoso efecto Mateo en el mundo de la innovación. Les llega la ayuda a aquellos que quizás menos la necesitan ,pero mejor se mueven al calor de la administración. Los procesos de cambio son inversamente proporcionales a la existencia de procedimientos burocráticos que pretendían ser garantistas, pero que en la práctica servían para enlentecer y duplicar el trabajo de las estructuras existentes, cuando no servían para perpetuar los procesos improductivos que ya se habían demostrado obsoletos. La garantía y el respeto a los procedimientos legales era exquisita, pero a veces su continúa referencia a ellos escondía una importante resistencia al cambio de todas las estructuras. A pesar de ello un grupo de ¨locos¨ y un equipo de líderes convencidos de que había que hacer esta transformación comenzamos y desarrollamos esta fascinante experiencia para intentar poner un granito de arena en la transformación de un territorio, que lideraba los ranking de paro y de dependencia institucional.

Se trata iniciar un nuevo camino, se trata de soñar, de vivir al fin y al cabo. **"Cuando dejas de soñar dejas de vivir"** . Malcolm Forbes, presidente y editor en jefe de la revista Forbes.

Capítulo 2

La experiencia en el Silicon Valley

No creo que el libro deba de tratar el tema de la innovación como si fuera una autobiografía. Todo lo contrario. Lo que intento describir es la rica experiencia de estos años , que han sido la que me han llevado a hacer este balance sobre la innovación. Tras 7 años en la Red Guadalinfo y en la Presidencia de la Red Española de Telecentros y Centros de innovación Social, y de pertenecer al Board de la Red Europea de Telecentros y de la Red Europea de Living Lab , comencé una nueva etapa. El 10 de Junio de 2014 comenzaba una aventura en el Silicon Valley. Como mucha gente que lo hacía desde hace algunos años , buscando el dorado. Yo fui a aprender, a conocer a la gente que era protagonista de esos cambios. Con el tiempo me di cuenta que esa era la experiencia más valiosa. Conocer a todos aquellos que estaban siendo los protagonistas actuales de los cambio que iban a operar en el mundo en muy poco tiempo, quizás unos meses. Ahora allí se cocinaban todos los cambios que en años veríamos en Europa y en otros países. Desde donde se estaban alumbrando los cambios más importantes que se iban a dar en la sociedad en los próximos 50 años. Quería conocer de primera mano , por mi experiencia directa, que se estaba cociendo

El Silicon Valley se ha convertido en un lugar de atracción para todos los innovadores en el mundo (Wikimedia creative commons)

en el corazón del Silicon Valley.

Me instalé en **San Francisco** durante unos 6 meses y puse toda mi atención y mi actividad en gestionar una agenda para conocer a la gente, a los emprendedores, a las empresas, a las iniciativas que desde allí mismo estaban generando una nueva dinámica. San Francisco es un lugar de atracción para todos los innovadores y emprendedores del mundo. Se dice que hay unos 300,000 emprendedores trabajando en la ciudad. Es una ciudad que se respira modernidad, innovación, diversidad, creatividad y libertad. Es una mezcla que genera un producto imbatible: **Una ciudad epicentro de la innovación.** Si quieres hacer algo innovador , si tienes un proyecto es obligado que llegues allí y comiences a trabajar de forma constante, tranquila, pero con persistencia y con unos ob-

> *La atracción de talento se muestra como el factor más determinante en los 50 años de historia del Silicon Valley*

jetivos muy claros. No es una ciudad para perder el tiempo. Deben tener cuidado aquellos que llegan con un proyecto muy embrionario y que agotan todos los recursos que han ido acumulando y luego tienen que volver a su tierra porque el proyecto no ha dado sus frutos o no ha encontrado socios o inversores. Eso sin contar la odisea del permiso de residencia que las autoridades federales americanas y las leyes existentes ponen muy difícil conseguir. Paradójicamente es un país de emigrantes, y lleno de emprendedores con talento que vienen de otros países (China, India, Pakistan, Alemania, Mexico, Canadá, Australia, Reino Unido ...) y en cambio su normativa para obtener la residencia y la carta verde es sumamente restrictiva. Mucha gente tiene que volver a su país porque no encuentra la forma de prorrogar su estancia. Otros hacen un proyecto de vida para obtener la tarjeta de residente. Allí encontré a mucha gente con la que compartí muchos buenos ratos y muchas experiencias. Conocí de forma directa algunos de los nuevos servicios y productos de las empresas mas innovadoras desde su origen. Desde los llamados de la nueva economía compartida como Uber, Lift, Airbnb...pasando por los Amazon Fresh, Google Fresh, o Zipcar. Fuí un usuario directo de estos nuevos modelos de negocio.

Atracción de talento

Pero ¿que actúa como un factor de atracción y desarrollo del Silicon Valley ? Yo creo que la cantidad de gente emprendedora que allí se concentra y el ambiente que encuentra para compartir los riesgos, el conocimiento, etc. Funciona como un verdadero ecosistema de innovación y emprendimiento. Desde 1945 se viene invirtiendo allí. Se cuenta que el Decano de Stanford , Fred Terman, convenció al Gobierno americano para que multiplicara los fondos de I+D allí, ya que esta

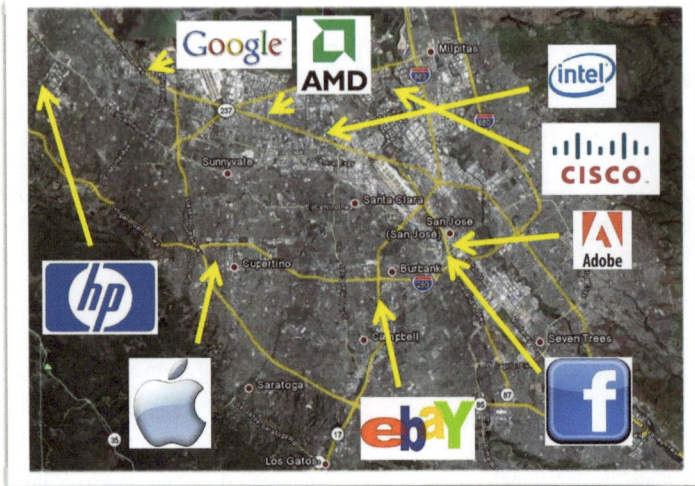

Mapa de algunas de las empresas que están en el Silicon Valley. Wikimedia CCommons

inversión fue la que permitió la superioridad para ganar la segunda guerra mundial. El resultado es un flujo continuo de ingenieros bien formados, empresarios, publicitarios, investigadores... una comunidad vibrante que cuenta

además con capital riesgo y personas con experiencia en los negocios que saben cómo y por qué ocurren los fracasos. Quizás lo que se desconozca es que *John*

Arrillaga[14], hija de un inmigrante vasco era el mayor propietario de todos los terrenos del Silicon Valley y el mayor donante en vida de fondos para la Universidad de Stanford. No le gusta intervenir en público y por supuesto no hacer alarde de sus donaciones; lo que sabemos de él lo conocemos por su hija **Laura Arrillaga**. El nombre de la familia Arrillaga adorna muchos edificios en todo el campus y Arrillaga ha jugado un papel clave en el desarrollo de muchos otros proyectos de campus. Además, las becas dotadas de la familia Arrillaga apoyan cerca de 50 estudiantes de Stanford cada año, según informa la propia revista de la Universidad. Según su hija Laura ¨Él ve la filantropía como casar los recursos financieros con los intelectuales, con la red y el capital humano que existe¨. Dice Laura que que dos son los principios de su padre: ¨Dar tanto como le sea posible y dar por igual entre sus recursos - tiempo, la mente y el dinero-. Estos son los principios que sigo cada día¨. Muchos empresarios Latinoamericanos pueden aprender de esta filosofía y de la practica que la acompaña. Gracias a ellos Stanford está donde está, sin duda alguna. Laura Arrillaga es un gran ejemplo para muchas mujeres en el Silicon Valley. Actualmente es profesora de la Stanford Graduate School of Business' (Stanford GSB) en el primer curso de Filantropía estratégica, desde el año 2,000. Le viene como anillo al dedo. Además es presidenta de la Fundación que lleva su nombre. Su impresionante curriculum[15] la sitúan como una mujer muy trabajadora, emprendedora y con una potencialidad extraordinaria.

La importancia de la red de contactos en el Silicon Valley

El Valley es un lugar pequeño. La gente se conoce entre sí, han trabajado unos con otros o han sido jefes o empleados los unos de los otros. He podido comprobar como era frecuente que una persona te llevara a otra y que pudieras establecer relación con varios a partir del desarrollo de una red de Networking.

Así por ejemplo conocí al equipo de **Twitter**. A partir de conocer a **Tony Want** y visitarlo en San Francisco en la misma sede de Twitter, en Market Street, pude también conectar con otra persona que tiene una importancia vital para entender este mundo. Se trata de **Laura I. Gómez**, una de las empleadas de Twitter cuando se fundó y que nos llevó a organizar en Granada (España) el **Talking About Twitter**[16], con un equipo de gente que jamás habíamos trabajado en este tema pero que logramos convertir este evento, con ayuda del Diario Ideal (que fué el organizador), en el mayor evento de Twitter del mundo. Desde una provincia de Andalucía, Granada, que nunca se ha caracterizado por

---

[14] John Arrillaga es un empresario americano , de oriundo de España y uno de los mayores donantes de Stanford University https://es.wikipedia.org/wiki/John_Arrillaga
[15] Bio de Laura Arrillaga http://laaf.org/wp-content/uploads/2014/07/Laura-Arrillaga-Andreessen-Bio.pdf
[16] El mayor evento de Twitter del mundo que organiza el Diario Ideal en Granada (España) http://talkingabouttwitter.com

tomar la iniciativa y liderar alguna de las tendencias que se dan en el mundo, un grupo de emprendedores al mejor estilo Silicon Valley lograron impulsar un acontecimiento que en su tercer año logró que el que entonces era el CEO de Twitter, Dick Costolo, diera la conferencia inaugural del evento.

El comedor en la sede de Twitter en San Francisco (mientras se veía la Copa del Mundo de Futbol) de Fútbol 2014)

Almorcé con **Tony Want**, en aquel momento Director de expansión Internacional de Twitter, (hoy ya fiera de la compañía ha montado su propia empresa de eHealth) en la sede de Twitter en el comedor donde comen todos los empleados. Alli compartimos bandeja y mantel. Coincidía que en aquel momento estaba celebrando el Campeonato del Mundo de Fútbol (Brasil 2014). Era tremenda la expectación que me encontré. Tres pantallas gigantes presidían el comedor y la pasión se notaba por todos sitios. Cualquiera diría que estábamos en un país Europeo o Latinoamericano. El mismo ambiente que me había encontrado en la Universidad de Stanford, por cierto, donde pantallas de televisores estaban instaladas en los abarrotados hall de entradas a las aulas y laboratorios. La gente en Twitter estaba superocupada, comida y trabajaba , iba en el ascensor con su comida y con su ordenador. Parecía que la gente que me encontraba en los pasillos estaba continuamente enchufada. El mundial de futbol había supuesto también para Twitter una explosión de contenidos y un laboratorio de nuevas herramientas que se estaban implementando en esas fechas. Se habían convertido en la gran referencia de comunicación de la Copa del Mundo. Y allí, en la sede central, se respiraba ese ambiente de empresa que se sabe ganadora en ese partido y en ese campeonato.

Unos meses más tarde volvía a la sede para verme con **Dick Costolo** el CEO de Twitter[17] y pedirle que en junio estuviera en Granada en **Talking About Twitter**. Me recibió en su despacho un día complicado , como uno de esos días que

*Con Dick Costolo en su despacho de San
Francisco en Twitter Headquarter*

en twitter se repiten cada vez que han presentado resultados: La cuentas no salen. Aumentan los ingresos , pero los gastos aún los superan. Aún así Dick Costolo, un tipo atípico en el mundo tecnológico, estuvo muy cordial. Me dijo que para una empresa como Twitter es fundamental innovar, que esa era el principal reto.

Quizás lo que nadie ha sabido en twitter es predecir el futuro. Mejor dicho , quizás no hayan sabido darse cuenta de que el futuro no puede predecirse. Que las innovaciones han de ser en el presente, aun a riesgo de equivocarse.

Laura I. Gómez es una de las mujeres más jóvenes y más emprendedora de la new deal del Silicon Valley. De origen mexicano, es quizás de las mujeres Latinoamericanas más influyentes. Se trasladó desde Mexico con su familia a California a los 12 años y estudió Economía en la Universidad de Berkeley y Sociología en San Diego. .Gómez ha trabajado en Silicon Valley en empresas como

---

[17] Crónica del Diario Ideal de 28 de Abril del 2015 http://www.ideal.es/granada/201504/28/despacho-dick-costolo-francisco-20150428005005.html

Google (YouTube), SearchRev (adquirida por AKQA) y, como hemos referido en Twitter. Empezó como responsable de la expansión de Twitter en español y luego pasó a liderar el producto y la localización de Twitter internacional en casi 50 idiomas. Laura también fue clave en la implementación de la localización, la comunidad de gestión ágil de Twitter, la monetización, micrositios de marketing, materiales de marketing de productos, clientes nativos, web móvil y DM de la red social. Sin duda una carrera brillante en la compañía. Allí comprobé como sigue siendo muy respetada. Laura de hecho ha sido reconocida por

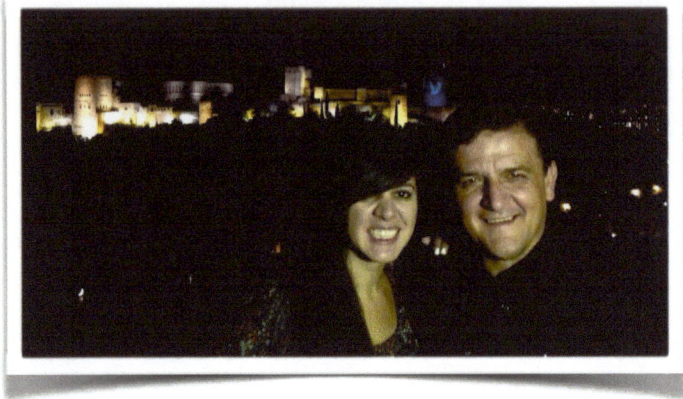

Laura l Gomez con La Alhambra, al fondo, con Larry-el logo de Twitter-proyectado durante Talking About Twitter

el Departamento de Estado y la entonces Secretaria de Estado, Hillary Clinton, por su participación en el Programa TechWoman. Esta distinción tiene su importancia en el Silicon Valley. Hay una infraparticipación de la mujer en el sector tecnologico, y especialmente en el sector de la innovación y el emprendimiento.

Mujeres y Tecnología

La iniciativa Women 2.0[18] , muy activa en este ecosistema, lucha por abrirse un hueco en este sector. Fundada en 2006 está liderada por Shaherose Charania, que lidera un equipo amplio de mujeres, y con un hombre como Director de Operaciones. La carrera de esta mujer directiva es muy similar a la de cualquier mujer del Silicon Valley . Su trayectoria es impecable. Ha trabajado en

---

[18] Women 2.0 se encuentra aqui: http://women2.com

varias empresas de Telecomunicaciones y del sector de Software y actualmente

> *En la escuela secundaria, el 74% de las niñas expresan in-*
> *terés en Ciencia, Tecnología, Ingeniería y Matemáticas,*
> *pero al momento de elegir una carrera universitaria, ape-*
> *nas 0,4% de las niñas de la escuela secundaria, selecciona*
> *la informática.*

es miembro del Consejo de Administración de Good World Solutions[19] y de Hackers Dojo[20], un Hub situado en Mountain Wiew (y al que le dedicaremos un
espacio a través de su fundador Jonathan Nelson) , una aceleradora de empresas centrada en robots y tecnología.

Una reunión de Woman 2.0 en San Francisco en Julio 2014

Volviendo a Laura I Gomez , resulta interesante saber que tras ganar una importante cartera de acciones de Twitter, comenzó su aventura empresarial con
nuevas empresas y startups creadas con su impulso. CEO y Fundadora de Atí-
pica, una compañía que tiene como objetivo ¨crear productos atípicos que permiten el entendimiento entre las empresas, directores de recursos humanos,
selección de personal y los solicitantes de empleo¨y de VYV. Laura I Gomez es

---

[19] Good Work Solutions para encontrar el mejor trabajo http://goodworldsolu-
tions.org/
[20] Puedes encontrar más información en http://www.hackerdojo.com/

un ejemplo para muchas mujeres, por su trayectoria, por su vitalidad y por su compromiso social con las personas que han llegado a Estados Unidos y son considerados inmigrantes. Un buen ejemplo para otras mujeres emprendedoras. Como ella hay un grupo de mujeres en el Silicon Valley que intentan abrirse un hueco en el mundo de la innovación y de la tecnología en el Silicon Valley. Si no lo encuentran ahi, será difícil que lo hagan en alguna otra parte en el mundo.

El Silicon Valley se ha mostrado como algo inimitable. Ha habido muchos intentos de reproducir el modelo , pero ninguno ha conseguido lo que allí se ha fraguado , ni nada que se le parezca.

Llegan los innovadores Chinos (que los hay y muchos)

La zona que rodea el corazón del Silicon Valley tiene parte de las universidades más punteras del mundo, centros de investigación públicos y laboratorios comerciales. Cualquier start-up no podía pedir circunstancias más alentadores: un gran número de trabajadores con educación superior; el acceso al capital de

> *Hay una larga de tradición de cooperación entre China y Estados Unidos en la Bahia de San Francisco que ahora se ha intensificado en el Silicon Valley*

riesgo abundantes; y una cultura de asunción de riesgos altamente emprendedora. Perfecto para crear el ecosistema. Pero lo más importante es su poderosa atracción sobre el talento. Miles de personas de todo el mundo, especialmente jóvenes ingenieros, llegan para desarrollar su idea o su proyecto a sabiendas de que, como mínimo, aprenderán lo que no hay que hacer.

Los que están llegando siguiendo la tradición de flujos migratorios en San Francisco son jóvenes empresarios Chinos. Se organizan cada vez más Jornadas y Encuentros en los que emprendedores chinos comparten con exitosos emprendedores americanos foros de trabajo y ¨linkan¨ futuros negocios en el ámbito de la innovación y la tecnología.

Sirva como ejemplo una de las cientos de jornadas que mensualmente se organizan en San Francisco y que sirvió para que un viejo teatro de la calle Broadway sirviera de foro para la innovación entre varias experiencias de colaboración entre jóvenes chinos y estadounidenses que ya habían fructificado en alguna startup con mucho futuro. Se trataba de ¨Sexy & unSexy Innovation China Towards¨, PINWEST 2014. Unos 200 emprendedores chinos, con una amplia representación de mujeres jóvenes, se encerraron dos días para a través de networking y en contacto con inversores pudieran establecer una estrategia de negocio con sus innovaciones. Allí encontré a un empresario de origen español , Xavier

Marquez[21] (llamado también el señor de los olivos) , que desde los años de bonanza, la década previa a la crisis económica, se dedicó a los negocios inmobiliarios en el Silicon Valley y a las grandes explotaciones agrícolas. estaba allí porque estaba casado con una mujer China y tenía claro que el eje de la actividad económica se estaba desplazando a esa zona del mundo y su negocio quería orientarlo allí. Todo un síntoma de donde orientan ahora sus esfuerzos

Una emprendedora china explica su proyecto en PingWest SYNC 2014
en San Francisco

los emprendedores.

Otro ejemplo claro de esta tendencia es que la Global Startup Day de San Francisco que patrocinaba Microsoft Ventures[22] estaba orientada a las startup Chinas que ofrecían sus servicios a Estados Unidos y al revés. La expectación que causó fue extraordinaria de participación en el programa.

Lo que parece también que explica el factor de éxito de las empresas, pero ocupando un segundo lugar, es el hecho de que las empresas que triunfan han logrado integrar la estrategia de innovación de la empresa en la estrategia del modelo de negocio. Esa es otra gran clave según todos los indicios.

---

[21] Reportaje de El Pais , sobre "el señor de los olivos" http://economia.elpais.com/economia/2014/10/24/actualidad/1414169678_116776.html
[22] *Programa Global de Microsoft Ventures para Startups que impulsan en 7 ciudades del mundo* https://www.microsoftventures.com/

Aceleradoras, Incubadoras y Coworking por doquier

Especialmente San Francisco, pero también cualquier ciudad del valle, bulle en actividades y pitch elevator, donde los emprendedores enseñan su proyecto. A veces un power point y un par de ideas sirven para que los inversores decidan invertir 200,000 dólares como el que invierte a la lotería. Otras veces son proyectos consolidados los que buscan una nueva financiación tras haber agotado su ¨family office ¨, los ahorros de tanto tiempo y los créditos bancarios. Encuentras a verdaderos profesionales que administran fondos de inversión y que van de un evento a otro para encontrar a algún Mark Zuckerberg que lleve un proyecto que pueda multiplicar por mucho la inversión que hacen. Hay una probabilidad entre 1 millón de que eso pase, pero apuran hasta conocer a cada uno de los emprendedores que han pagado a una empresa especializada para

San Francisco , el epicentro del Silicon Valley

exponer su idea o su ya avanzado proyecto.

Muchos países han trasladado allí incubadoras de proyectos que impulsan el networking entre emprendedores y que anidan en algunos de los coworking más famosos entre la gente emprendedora de la ciudad y de las demás ciudades del valle. Canadá, Australia, Chile, España, Polonia, tienen allí este recurso auspiciado desde algún Ministerio u oficina gubernamental que los apoye. Por ejemplo en el Rocket Space[23] en el 180 de Sansome, hay emprendedores de Mexico, Colombia, etc, . En el Rocket Space del 225 de Bush, está el **Spain Tech Center**, o el centro dependiente del Gobierno Canadiense…, las aceleradoras tienen a los emprendedores ubicados en un espacio donde entre ellos intercambian información, conocimiento, experiencias y cafés . A veces en este ambiente me surge la idea de Jorge Valdano de que el fútbol es un estado de ánimo. El emprendimiento también es un estado de ánimo, sobre todo es eso. Es persistencia, sacrificio, disposición al cambio, tolerancia al fracaso y al error, trabajo duro, buenos hábitos… no todo el mundo posee todo esto junto. Pero todo esto es necesario para su éxito.

La red de **Impact Hub**[24] también es una aceleradora muy interesante. Es un lugar magnifico para trabajar. Estuve en el Impact Hub de San Francisco en

---

[23] http://rocketspace.com
[24] La red global de espacios para la innovación http://www.impacthub.net/

Mission Street, muy cerca también del SOMA, el distrito donde muchas empresas innovadoras tienen su sede. Allí puse mi cuartel general en el poco tiempo que tuve para no estar en otras actividades. Allí conocí a muchos innovadores. Participé directamente en un Hackathon todo un fin de semana, y disfruté de la amabilidad de su personal. Era un lugar agradable para trabajar y para innovar.

Merece la pena reseñar para los innovadores esta aceleradora **1776**[25] , una aceleradora de vanguardia que ayuda a los emprendedores a desarrollar su proyecto."WHERE REVOLUTIONS BEGIN"es su lema para atraer a los emprendedo-

TOP ACELERADORAS SILICON VALLEY

(Adaptado de la revista "Inc.")

Nombre Aceleradora	Tipo	Website	Apoyo/Servicios	Ciudades	Notas
Matter	Aceleradora	http://matter.vc/	Alojamiento, mentorización, financiación (50 K)	San Francisco Nueva York	
YCombinator	Incubadora	http://www.ycombinator.com/	Incubación, todos los recursos que se necesiten, acceso a rondas de financiación	San Francisco	
Upwest Lab	Incubadora	http://upwestlabs.com/	Programa de desarrollo integral de la empresa y acceso a microfinanciación (20K)	San Francisco	
Parisoma	Incubadora	http://www.parisoma.com/	Financiación, mentorización y formación	San Francisco	
Sandbox suites	Incubadora	http://www.sandboxsuites.com/	Espacio, alojamiento y mentorización	San Francisco	
Angel Pad	Incubadora	http://angelpad.org/	Espacio, mentorización, tutoría intensiva. Grandes inversiones en sus empresas	San Francisco	
500 Startups	Incubadora y aceleradora	http://500.co/	Alojamiento, inversión, mentorización y formación	Mountain View	Está en 50 países y tiene ya más de 1000 empresas y 2000 inversores
Tech Liminal	Coworking	http://techliminal.com/	Coworking, Alojamiento	Oakland	
Sudo Room	Coworking		Alojamiento		
Founders Space	Incubadora y Aceleradora	http://www.foundersspace.com/	Alojamiento, formación, mentorización , acceso a capital riesgo . Servicios integrales	San Francisco	Distinguida por la revista Forbes en el TOP10 de aceleradoras

Fig. 1 . Las mejores aceleradoras de Startups del Silicon Valley

res.

Y es que 1776 (que coincide con el año de la declaración de Independencia en EEUU) es un fondo mundial de capital semilla como incubadora ayudando a

---

[25] La aceleradora online http://www.1776.vc/

nuevas empresas a transformar industrias que afectan a millones de vidas todos los días en los ámbitos de la educación, la energía y la sostenibilidad, la salud, el transporte y las ciudades inteligentes.

También vamos a hacer una aproximación sistemática a esta realidad de la incubación y aceleración de empresas y proyectos. Reproducimos a continuación una tabla esquemática a modo de ayuda para todo aquel que quiera estudiar este fenómeno o bien recurrir a ella para emprender en alguna parte del mundo. Vienen referenciadas sus webs para obtener una mayor información. La información está basada en un estudio de la revista norteamericana "Inc." y en mi propio conocimiento de ellas directamente en San Francisco (donde se encuentran la mayoría de ellas. He utilizado esta clasificación a sabiendas de que faltan algunas de las que hablo de forma extensa sobre ellas en este capitulo o capítulos posteriores. Debemos prestar atención también a algunas otras no reverenciadas pero que también prestan estos servicios como son AngelList, DreamFunded, Gust, Draper University, and Startup Grind.

Hackathones e innovación Social

Otra experiencia extraordinaria fue la participación en los Hackathones que cada fin de semana se organizan en San Francisco. Son innumerables la cantidad de eventos que alrededor de un tema social congregan a multitud de jóvenes (casi todos menores de 30 años) programadores , diseñadores y profesionales en general (un gran ambiente interdisciplinar).

Un **Hackathón**, es un término usado en las comunidades hacker para referirse a un encuentro de programadores cuyo objetivo es el desarrollo colaborativo de software, aunque en ocasiones puede haber también un componente de hardware. Estos eventos pueden durar entre dos días. El objetivo es doble: por un lado hacer aportes al proyecto de software libre que se desee y, por otro, aprender sin prisas, pero con el objetivo de desarrollar soluciones que pueden dar lugar a nuevas startups con la respectiva mentorización y búsqueda de business angels.

El término integra los conceptos de maratón y hacker, aludiendo a un experiencia colectiva que persigue la meta común de desarrollar aplicaciones de forma colaborativa lapso de tiempo corto. Nuestros hackatons tienen propósitos educativos y estimulantes, así como sociales para mejorar la calidad de vida, aunque también nos proponemos el objetivo de crear un software utilizable y que pueda desarrollar una nueva startups.

El Hackathon, desde el punto de vista organizativo, tiene una dinámica horizontal e intensiva en donde los participantes complementan experiencias y habilidades individuales con el propósito de desarrollar soluciones concretas. El Hackathon promueve el trabajo colaborativo entre pares orientado a la resolución de problemas, poniendo el foco sobre el proceso de trabajo como forma de aprendizaje colaborativo y favoreciendo la motivación intrínseca de los participantes.

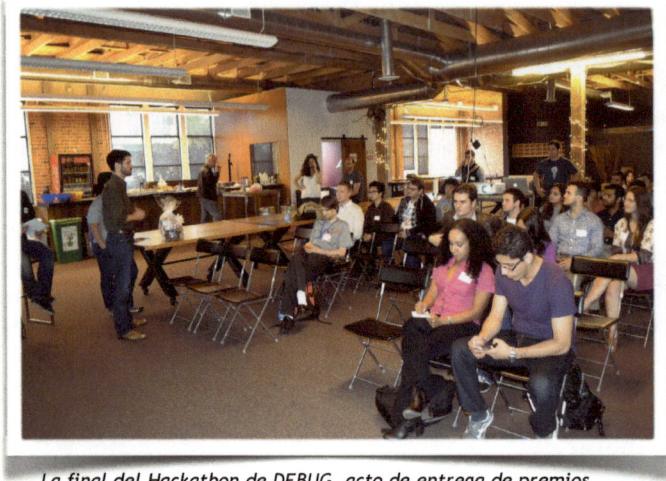

La final del Hackathon de DEBUG, acto de entrega de premios

Los Hackathones se han convertido en uno de los eventos que mueve más talento por una causa social. En el 2014 una buena parte de ellos estaban dedicados a pedir cambios en la Ley de Inmigración , tal y como había prometido el Presidente Obama. Además en las Facultades de Informatica de las Universidades de Stanford, Berkeley, San Francisco, Santa Clara.... se desarrollaban los habituales sobre eHealth, sobre ciberseguridad, Cloud, etc.

Participé en la experiencia de **Hackers & Founders** , llamado **DEBUG**, donde los equipos se organizaron para organizar una ofensiva con aplicaciones para llegar a los votantes de los congresistas que iban a votar en contra de la reforma para que los propios congresistas pudieran cambiar su voto. Fue una experiencia extraordinaria la cantidad de talento que confluir en el evento. Fueron dos fines de semana de trabajo voluntario de profesionales de muy alto nivel que donaban su tiempo a una causa que consideraban muy justa. La mezcla de nacionalidades , de distintas procedencias profesionales y de las edades y experiencias eran más que notables.

Allí conocí a **Jonathan Nelson**, un Hacker, fundador de Hackers and Founders, una aceleradora que instalada en Mountain View, era un autentico personaje de apoyo a todos los emprendedores. Recuerdo un día maravilloso en su sede, en la que pudimos dar un repaso a su amplio quehacer y a su interesante recorrido vital. Un enfermero que trabajo 20 años en las urgencias de Nueva York. El proyecto lo inició hace 7 años, mientras que Jonathan estaba trabajando como enfermero de urgencias y en paralelo terminó su educación en ingeniería de software en línea. El primer evento de Hackers & Founders eran 4 personas pasando el rato en un bar, y han crecido hasta ser la más grande comunidad de tecnología en Silicon Valley, con 16.000 miembros. Tienen 200,000 miembros en 104 ciudades del mundo y en 42 países, con un patrimonio de 400 Millones

Jonathan Nelson hablando con unos jóvenes Hackers

de Dólares y movilizando 55 millones de dólares para financiar startups . Jonathan Nelson ha trabajado en la Casa Blanca y con el Alcalde Bloomberg´s en la Reforma Migratoria. Jonathan se obsesiona con el aumento del PIB de los países en vías de desarrollo, especialmente en Latinoamerica a través de los ecosistemas de startups. Los considera esenciales para poder avanzar. Por eso su movimiento cooperativo, basado en un planteamiento de innovación social desde lo pequeño a lo más grande.

En un perfecto español Jonathan me recordó a otro personaje relacionado con el Software Libre, el americano ***Richard Stallman***[26] (pero sin sus excentricidades, claro) con su compromiso con el cambio, con el progreso y con los emprendedores latinoamericanos. Su tamaño era proporcional a sus aportaciones. A todo el mundo le ayudaba a mejorar. A todo el mundo le brindaba su apoyo.

---

[26] La página personal de Richard Stallman https://stallman.org/

Todos los fines de semana organiza una reunión en Mountain View a través de la red social Meetups.

> En el Silicon Valley también funcionan las redes personales, todos los grandes emprendedores se conocen, han trabajado juntos o se reúnen en una fiesta o una barbacoa bastante a menudo.

Jonathan sabe de la importancia de una buena red de contactos en el Silicon Valley. Personajes como **Alan Taylor** (de la plataforma de **Endeavor** que también tiene una plataforma global de apoyo al emprendimiento[27]) o **Pascal Finette** (Actualmente en Singularity University, Ex **Google.org**[28] **y ex Mozilla Foundation**) o **Havi Partavi** (De **CODE**[29], una organización dedicada a la en-

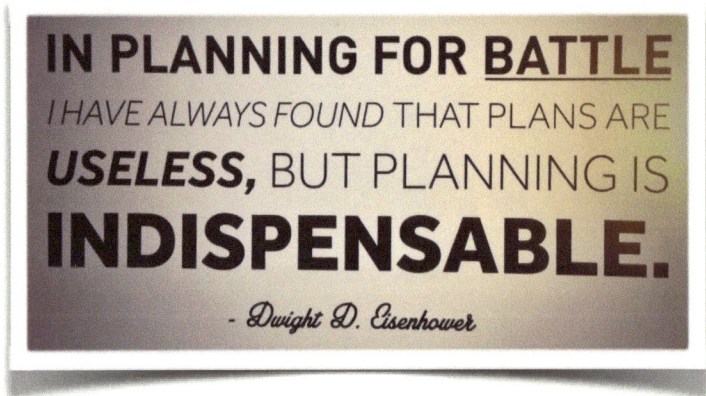

Cartel que preside una de las salas de las aceleradoras de San Francisco con una de la frases celebres de un presidente americano: "En la planificación para la batalla siempre he encontrado que los planes son inútiles, pero el planning es indispensable"

señanza de la programación como iniciación a la innovación), o **Santiago Zavala** uno de los Parnets de **500 Startups**[30] (una aceleradora con más de 1000 empresas en 50 países, y mueven una importante inversión también).

Ahora , tras soñar, tocaba hacer, tocaba ponerse en acción. Tocaba moverse. Me quedo con esta cita para pasar a la acción: "El ingrediente fundamental es conseguir mover el culo y hacer algo. Es tan simple como eso. Mucha gente

---

[27] La red mundial de apoyo al emprendimiento http://www.endeavor.org/
[28] La red Google para apoyar proyectos de innovación en el mundo http://google.org
[29] Para aprender a programar desde cualquier edad http://code.org
[30] Una de las mayores aceleradoras en el mundo: 500 Startups http://500.co/

tiene ideas, pero pocos son los que deciden hacer algo al respecto en este momento. Mañana no, ya es tarde. No lo deje para la próxima semana. Hágalo hoy. El verdadero emprendedor es un hacedor, no un soñador ". Nolan Bushnell, empresario.

Capitulo 3

Cómo crear una Red de apoyo al Emprendimiento y a la Innovación Social

Como dice Rob Atkinson ¨a pesar del icónico mito del empresario solitario trabajando en su garaje, el espíritu empresarial más exitoso involucra redes de apoyo de diversa índole, entre ellos los que proporcionan el capital, los que establecen vínculos con los clientes, crean la mentorización, u otra asistencia. A menudo, las organizaciones intermedias (las llamadas aceleradoras) juegan un papel clave para facilitar estos sistemas de apoyo. Y conseguir el derecho

Fig. 2 Procesos de aceleración emprendimiento

empresarial clima político, en relación con el impuesto, el comercio, el talento, la tecnología y las finanzas, también es fundamental¨[31]

Las plataformas de aceleración de proyectos de emprendimiento tienen en común un esquema de funcionamiento que intenta mimar, cuidar, ayudar, enseñar, conectar y financiar las iniciativas. El esquema de la Figura 1 sintetiza muchas de las funciones comunes que tienen las aceleradoras.

El papel de los poderes públicos aquí también puede ser fundamental para impulsar este tipo de políticas. Por ello Michael Dell, fundador y CEO de Dell Inc.,

---

[31] Para más información http://www.innovationfiles.org/high-growth-entrepreneurship-for-development-report-of-a-roundtable-with-michaeldell/#sthash.CUA76ti3.dpuf

ha sido designado por la ONU Abogado Global de Emprendimiento[32] y trabajando en estrecha colaboración con la Fundación y su Consejo Global de Empresarios[33] para ayudar a formar y avanzar en una agenda global la iniciativa empresarial. Seguimos sus recomendaciones para poder poner las líneas fundamentales de este apoyo empresarial:

3.1.- Apoyo financiero: Lo que parece fundamental es el apoyo financiero al emprendimiento, el acceso al capital. Por ejemplo, el 60 por ciento del capital-riesgo en Brasil ha sido financiado por el Banco Interamericano de Desarrollo, que incluye un programa para proporcionar financiación para los pequeños productores de las comunidades marginadas. Asimismo, la Administración de Pequeños Negocios de Estados Unidos apoya la financiación empresarial para las necesidades en una etapa temprana a través de una variedad de programas, incluyendo el Programa de Pequeños Negocios Investment Corporation, el programa Small Business Innovation Research, y una red nacional de Centros de Desarrollo Empresarial. Algunos países, liderados por Chile, (han creado Chile Startups) pero ahora copiados por seis países latinoamericanos ofreciendo subvenciones de inicio para emprendedores con buenas ideas que se trasladan a cada país para establecer su empresa. Mientras que los empresarios señalaron lo útil que este tipo de programas pueden ser, ellos señalan que es fundamental que los programas financieros deben estructurarse para proporcionar respuestas relativamente rápidas para los empresarios.

3.2.- Perfiles, Formación y capacitación de la persona innovadora :

Resulta un asunto clave apoyar la formación empresarial. Hay muchos estudios que hoy demuestran que la formación tecnológica de los empresarios es bastante baja, fundamentalmente en los directivos de las grandes empresas, no parece ser esta la norma para los emprendedores de ¨nuevo cuño¨ .

Dice Peter F. Drucker que "Las habilidades del emprendedor se pueden aprender, ya que más que un rasgo del carácter es una conducta, una actitud; define al emprendedor como la persona capaz de intuir una oportunidad de negocio y poner en práctica acciones arduas, creativas, difíciles y arriesgadas, que terminan en la creación de una empresa o negocio".

Por ello parece que lo que es importante es que los sistemas educativos introduzcan en sus planes de estudio la formación en habilidades empresariales. Las escuelas de enseñanza secundaria deberían incluir ya de forma urgente esta

---

[32] La Fundación de la ONU para fomentar el emprendimiento http://www.unfounda-tion.org/news-and-media/press-releases/2014/Michael-Dell-Global-Advocate-for-Entrepreneurship.html?referrer=http://www.innovationfiles.org/high-growth-entrepreneurship-for-development-report-of-a-roundtable-with-michael-dell/

[33] El Consejo Global de Emprendedores de la ONU http://www.unfounda-tion.org/who-we-are/experts/global-entrepreneurs-council/

formación. Los chavales en la pubertad y en la adolescencia deberían ya ¨ensayar¨ esta habilidad en laboratorios de emprendimiento. Las posibilidades de la formación digital y las herramientas existentes para ello pueden ayudar al profesorado a avanzar en este sentido. Hay multitud de simuladores que ayudan mucho para poder desarrollar este aprendizaje. Los elevados índices de desempleo juvenil que hay en algunos países deben servir de acicate para que las autoridades educativas se pongan mano a la obra en este sentido.

En la Universidad, en general en todo el mundo, se ha incrementado notablemente la formación en emprendimiento. Se han creado Cátedras y Departamentos dedicados al emprendimiento, pero no ha sido suficiente. Este es sólo el comienzo. Las Universidades deben incluir en las disciplinas técnicas

La formación especializada es esencial en el apoyo a innovadores

(Ingenierías, Arquitectura, Informática, Matemáticas, Economicas, Derecho, Psicología,

Pedagogía, Biología, Física, Química ..) materias relacionadas directamente con el emprendimiento en su diseño curricular. Incluir materias relacionadas con el emprendimiento además de las propias científicas y de la disciplina concreta maximiza las posibilidades de transformación y de oportunidades. En este sentido la formación del profesorado es fundamental. La más clave y la que necesita más apoyo es la del profesorado de secundaria.

La gran apuesta universitaria debe ser la potenciación del I+D+i y su ligazón con el desarrollo de startups ligadas a la investigación. Las Universidades (como por ejemplo hacen desde hace años las de Berkeley o Stanford y a las que se ha sumado muchas Universidades del mundo) deberían de incluir un sistema de promoción de Startups/Spinnoff para desarrollar la aplicación de sus investigaciones al mercado.

Otra cuestión es la actitud emprendedora. Una actitud se define como: "la predisposición a responder de manera consistente, a diversos aspectos de las personas, situaciones u objetos". Se infiere la actitud de una persona por la forma

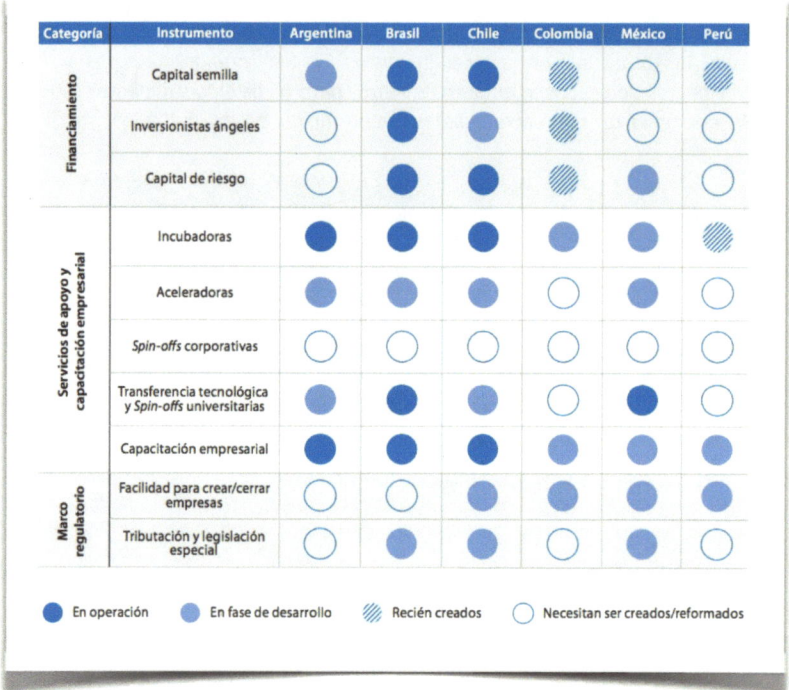

Categoría	Instrumento	Argentina	Brasil	Chile	Colombia	México	Perú
Financiamiento	Capital semilla	En operación	En operación	En operación	Recién creados	Necesitan ser creados/reformados	Recién creados
Financiamiento	Inversionistas ángeles	Necesitan ser creados/reformados	En operación	En operación	Recién creados	Necesitan ser creados/reformados	Necesitan ser creados/reformados
Financiamiento	Capital de riesgo	Necesitan ser creados/reformados	En operación	En operación	Recién creados	Necesitan ser creados/reformados	Necesitan ser creados/reformados
Servicios de apoyo y capacitación empresarial	Incubadoras	En operación	En operación	En operación	En fase de desarrollo	En fase de desarrollo	Recién creados
Servicios de apoyo y capacitación empresarial	Aceleradoras	En fase de desarrollo	En fase de desarrollo	En fase de desarrollo	Necesitan ser creados/reformados	En fase de desarrollo	Necesitan ser creados/reformados
Servicios de apoyo y capacitación empresarial	Spin-offs corporativas	Necesitan ser creados/reformados	Necesitan ser creados/reformados	Necesitan ser creados/reformados	Necesitan ser creados/reformados	Necesitan ser creados/reformados	Necesitan ser creados/reformados
Servicios de apoyo y capacitación empresarial	Transferencia tecnológica y Spin-offs universitarias	En fase de desarrollo	En operación	En operación	Necesitan ser creados/reformados	En operación	Necesitan ser creados/reformados
Servicios de apoyo y capacitación empresarial	Capacitación empresarial	En operación	En fase de desarrollo	En fase de desarrollo	En fase de desarrollo	En fase de desarrollo	En fase de desarrollo
Marco regulatorio	Facilidad para crear/cerrar empresas	Necesitan ser creados/reformados	Necesitan ser creados/reformados	En fase de desarrollo	En fase de desarrollo	En fase de desarrollo	En fase de desarrollo
Marco regulatorio	Tributación y legislación especial	Necesitan ser creados/reformados	En fase de desarrollo	En fase de desarrollo	Necesitan ser creados/reformados	En fase de desarrollo	Necesitan ser creados/reformados

● En operación   ● En fase de desarrollo   ◍ Recién creados   ○ Necesitan ser creados/reformados

Fig. 3.- Apoyo directo a las startups innovadoras en América Latina: Comparación entre países,2012 (OCDE)

como expresan sus creencias y sus sentimientos en base a su conducta. Las creencias son postulados basados en valores y experiencias del individuo. Se forman principalmente en base a sus antecedentes socioeconómicos y demás experiencias durante toda su vida. Son creencias aprendidas, por ejemplo: "persevera y vencerás". Esta no se aprende. Pero si está muy relacionada con la cultura empresarial y emprendedora. Esta es la autentica asignatura pendiente de los sistemas educativos en general. En estas etapas es mucho más fácil detectar las personas que poseen estas habilidades especiales y actitudes para el emprendimiento, ya que no todo el mundo tiene las mismas , elemento clave para ser potenciadas.

Dees (1998)[34] toma prestadas ideas de Joseph Schumpeter, Howard Stevenson, Jean-Baptiste Say y Peter Drucker para identificar cuatro aspectos diferenciadores del emprendimiento:

• *Destrucción creativa:* según Schumpeter, la generación de productos o servicios innovadores destruye los que estaban previamente en el mercado

• *Creación de valor:* según Say, «el emprendedor traspasa recursos económicos de un área de baja productividad a una de alta productividad y mayor rendimiento».

• *Identificación de oportunidades:* para Drucker, un emprendedor no genera cambio, sino que explota las oportunidades que el cambio brinda.

• *Ingenio:* Stevenson destaca la capacidad de los emprendedores no solo de aprovechar oportunidades, sino también de afrontar los retos que comporta la falta de recursos para llevarlas a cabo.

Todas estas características pueden educarse con un adecuado y personalizado plan de formación.

La empresa Gallup ha realizado un estudio sobre las 10 "talentos" de los emprendedores para tener éxito empresarial[35] . Este estudio realizado entre 2,500 empresas de Estados Unidos aporta las caracteristicas de estos emprendedores que según Gallup : a) tienen tres veces más probabilidades de construir grandes empresas y para crecer de manera significativa, b) cuatro veces más probabilidades de crear puestos de trabajo c) cuatro veces más probabilidades de superar las metas de utilidades, d) cinco veces más probabilidades de superar los objetivos de ventas. Las características de la personalidad que al menos alguna opera en el éxito de los emprendedores las enumeramos aquí, aunque están moduladas también por las circunstancias externas y relacionadas también con la experiencia, pero deben ser muy tenidas en cuenta en los planes de formación, ya que buena parte de ellas son adquiridas y que se expresan en la figura 4 donde se ven claramente.

Una parte muy importante en el aprendizaje en el mercado global y en la internacionalización de las empresas es el conocimiento del inglés. Hoy en día es algo fundamental y que ha estado descuidado en algunos países como España.

---

[34] Dees, J.G.: «The Meaning of "Social Entrepreneurship"», Stanford University: Draft Report for the Kauffman Center for Entrepreneurial Leadership, 1998.
[35] Jim Clifton ,Sangeeta Bharadwaj Badal,"Entrepreneurial StrengthsFinder" Gallup Press Ed , Sep. 2014

El conocimiento del Alemán y el Chino también se muestra cada vez más útil para el emprendimiento.

La cultura del riesgo también hay que potenciarla. En este sentido es impres-

---

CARACTERISTICAS DE LA PERSONALIDAD DEL EMPRENDEDOR/A

- *Enfoque de negocios* : Tomar decisiones basadas en el efecto observado o previsto hacía el beneficio.
- *Confianza* : Conocerte a ti mismo con precisión y entender a los demás.
- *Pensador creativo* : Exhibir la creatividad en la generación de una idea o de un producto existente y convertirlo en algo mejor.
- *Delegador* : Reconocer que no se puede hacer todo y estar dispuesto a contemplar un cambio en el estilo y el control.
- *Determinación* : Perseverar a través de obstáculos difíciles, incluso aparentemente insuperables.
- *Independiente* : Usted está dispuesto a hacer lo que hay que hacer para construir una empresa exitosa.
- *Conocimiento-Seeker* : Constantemente busca información que sea relevante para el crecimiento de su negocio.
- *Promotor* : Es el mejor portavoz de la empresa.
- *Relación-Constructor* : Tener gran conciencia social y la capacidad de construir relaciones que son beneficiosas para la supervivencia y la residencia, y el crecimiento de la empresa.
- *Riesgo-Taker:* Saber instintivamente cómo manejar situaciones de alto riesgo y asumirlo.

Fig. 4 . Las características de la persona emprendedora , según Gallup

cindible incluir cambios legales en los riesgos financieros para promover la segunda oportunidad ante un riesgo financiero.

3.3.- Políticas de inmigración amplias y flexibles:

Cada vez está más claro que los inmigrantes juegan un papel decisivo en el emprendimiento y en el crecimiento. Buena parte de los emprendimientos de base tecnológica, especialmente en el Silicon Valley pero también en otros países, están liderados o coloreados por gente que proviene de otros países. La llegada de Europeos a EEUU, de Indios, de Pakistaníes, Chinos, Latinos es muy significativa y muy decisiva para el crecimiento del sector del emprendimiento tecnológico. Más de 50,000 emprendedores alemanes se encuentran en el Silicon Valley, más de 10,000 franceses y unos 5,000 italianos. El número de latinos es creciente e incalculable. La cantidad de Chinos que recalan en Estados Unidos y crean su propia startups con capital mixto, es mayor.

Por ello, como dice Michael Dell ¨Esto significa que las naciones deben tener las políticas de inmigración altamente cualificadas abiertas y flexibles, en particular para los científicos, ingenieros y personas que desean iniciar empresas. Por ejemplo, el Congreso de Estados Unidos está considerando una legislación que establecería una visa de puesta en marcha para los empresarios extranjeros que buscan establecerse en los Estados Unidos¨.

3.4.- La potenciación de la demanda desde la iniciativa pública.

El espíritu empresarial no es para gente que tiene muchas debilidades emocionales o altibajos. Por ello las políticas públicas pueden desempeñar un papel en el apoyo a su crecimiento.

Un lugar para comenzar en el apoyo público es con el acceso al capital. Por ejemplo, el 60 por ciento del capital de riesgo en Brasil ha sido financiado por el Banco Interamericano de Desarrollo, que incluye un programa para proporcionar financiación para los pequeños productores de las comunidades marginadas. Asimismo, la Administración de Pequeños Negocios de Estados Unidos apoya la financiación empresarial de la etapa temprana que la empresa necesita a través de una variedad de programas, incluyendo el "Programa de Small Business Investment Corporation", el programa "Small Business Innovation Research", y una red nacional de Centros de Desarrollo Empresarial. Algunos países, liderados por Chile (y que según la ONU, han sido copiados por seis estados latinoamericanos) ofrecen subvenciones para comenzar a los emprendedores con buenas ideas que se trasladan al país de procedencia para establecer su empresa. Mientras que los empresarios señalaron lo útil que este tipo de programas pueden ser, también se quejaron de la necesidad de proporcionar respuestas relativamente rápidas para los empresarios, ya que la burocracia es muy lenta para ayudar a los emprendedores.

El acceso a las habilidades y la promoción del talento es otro elemento clave de la iniciativa empresarial. Los gobiernos deben apoyar la educación empresarial, ya que un creciente número de escuelas secundarias y universidades ahora lo hacen con un enorme éxito. En España y en America Latina aún son experiencias muy aisladas y no entran en el desarrollo curricular. Por ejemplo en la Escuela Met en Providence, los estudiantes con ideas prometedoras son compatibles si quieren iniciar una empresa. De hecho, un niño de 14 años de edad, comenzó una empresa de éxito para ayudar a los emprendedores que buscan financiación a través de Kick Starter (en sí misma una plataforma empresarial de financiación) a hacer sus videos web introductorio para la empresa que se coloca en esta plataforma. El hecho es que su escuela secundaria, no sólo "crea un espacio" para que él haga esto, además ha dado apoyo a la tutoría basada en la comunidad para que los alumnos hicieran sus ideas posibles. En este sentido, los altos niveles de desempleo juvenil en muchos países en desarrollo podrían verse como una oportunidad para construir economías más emprendedoras. Seria una forma de transformar una debilidad en una oportunidad.

La educación empresarial se produce en la mayoría de los países en el nivel universitario. En los últimos 20 años, el número de universidades de Estados

Unidos que ofrecen educación empresarial se ha incrementado significativamente. De hecho, la Universidad de Dakota del Norte ha establecido su propia
independencia del Departamento de Emprendimiento diseñado para equipar a
los estudiantes con un amplio conjunto de competencias empresariales. Ade-

Fig. 5. Indice innovación por regiones en 2015 según la ONU

más, el espíritu empresarial y debe de combinarse el grupo de asignaturas científicas (Ciencia, Tecnología, Ingeniería y Matemáticas), como se ha hecho por
ejemplo en el "Olin College" en Massachusetts, donde los estudiantes aprenden
tanto ingeniería como habilidades empresariales. Es importante señalar que la
práctica de la propia iniciativa empresarial ofrece educación valiosa, incluso si
no tiene éxito, el fracaso puede resultar en "capital de conocimiento" que
puede dar sus frutos en otras empresas o emprendimientos más adelante.

Mientras que las capacidades empresariales se pueden aprender, el espíritu
empresarial no es un patrimonio universal. Algunas personas tienen el conocimiento y el temperamento adecuado para la actividad empresarial, otras no.
Como tal, los países podrían considerar procesos de detección de talento para
identificar a las personas a una edad temprana (por ejemplo en el año antes de
la secundaria) que muestran una aptitud para la iniciativa empresarial y más
tarde proporcionarles experiencias educativas que les permitan sacar el máximo provecho de esto. Por ejemplo, como hemos explicado la metodología que

Gallup ha estado desarrollando y que hemos explicado en el capitulo anterior, que puede identificar a los jóvenes con estas habilidades y rasgos. Y una habilidad que todos los empresarios pueden beneficiarse de la economía global de hoy es el aprendizaje del Inglés para hablarlo con fluidez. De hecho, los llamados "naturales de la globalización" preparados para nuevas empresas emprendedoras, tienen un rasgo fundamental y es que el Inglés es el idioma universal de la iniciativa empresarial global, a pesar de que el español hoy en día está ganando terreno en el mercado latino. Y no todos los programas educativos de los países en vías de desarrollo han incorporado a su desarrollo curricular la enseñanza bilingüe. De hecho en España hasta hace muy poco tiempo no lo han incorporado a los colegios de enseñanza básica como una enseñanza bilingüe, por lo que habrá al menos dos generaciones con menos habilidades empresariales para la internacionalización.

Por último, está la cuestión de lo que los gobiernos pueden hacer para crear una cultura de la iniciativa empresarial. Los Estados Unidos se beneficia de una cultura que acepta el riesgo. Los políticos pueden ayudar a reconocer que tales rasgos culturales sean importantes y apoyen continuamente la importancia de la toma de riesgos y la innovación. Además, se pueden desarrollar a través de iniciativas legislativas que las leyes de bancarrota estén estructuradas de manera que pueda darse una segunda oportunidad de forma efectiva a los empresarios que asumen riesgos y fracasan.

Las naciones no van a aprovechar al máximo el alto potencial de emprendimiento si sólo se centran en la oferta y no en la demanda de la iniciativa empresarial. Y hay una serie de factores que pueden obstaculizar la demanda empresarial.

En muchos países, los consumidores (ya sean organizaciones o individuos) pueden no aceptar el consumo emprendedor debido a otros factores culturales, económicos, o políticos. El desarrollo del emprendimiento y la innovación también puede ser más fácil en algunos sectores que en otros. Puede ser un desafío conseguir clientes en industrias altamente reguladas o arraigadas, o puede tener dificultad para tomar riesgos cuando se trata de la compra de nuevos productos o servicios. Por ejemplo, la actividad empresarial en el cuidado de la salud es un desafío particular, es un importante hito, en parte debido a las barreras regulatorias significativas y el hecho de que no hay clientes directos, siempre son de terceros (por ejemplo, los contribuyentes o de los asegurados) y siempre son intermediados a través de los médicos. Por ello el emprendimiento tiene ahí una especial dificultad tal y como lo conocemos.

Estas restricciones a la demanda puede ser onerosa en particular en los países desarrollados, donde los controles o las influencias del Estado son de una mayor proporción. Pero al mismo tiempo, el control del gobierno puede ser utilizado como una palanca para el consumo emprendedor a través de las normativas o pone incentivos para que las organizaciones o agencias de la influencia o controladas por el gobierno estatal puedan apoyar explícitamente la actividad empresarial a través de sus propias decisiones de compra. En este sentido, el gobierno puede ser un primer adoptante de políticas de eHealth, por ejemplo, e impulsar una mayor inversión del sector privado. El Reino Unido ha sido particularmente hábil en esto a través de sus políticas de contratación basadas en la innovación. Además, una parte de los fondos para la investigación del gobierno puede emplearse para nuevas empresas emprendedoras, como los Estados Unidos lo hace en su programa "Small Business Innovation Research".

3.5.- El alojamiento en espacios para el emprendimiento : es fundamental el desarrollo y la implantación de las llamadas incubadoras y aceleradoras .

El quinto componente de fuerte componente para el crecimiento empresarial nacional es un sistema que apoye a los emprendedores de alto crecimiento similar a una estructura incubadora-aceleradora, en parte por su vinculación a los financiadores, a los mentores, y a los clientes, y la garantía de un fuerte

> *Las aceleradoras son un recurso trascendental para estimular la innovación y el emprendimiento*

entorno general de la política empresarial.

En cuanto a la construcción de redes de apoyo, como los aceleradoras que hemos mencionado pueden ayudar a los empresarios a encontrar mentores que ya han pasado por un camino similar. En la mayoría de los lugares donde el desarrollo es menor la densidad de los empresarios es baja, por lo que el establecimiento de instituciones o aceleradoras que pueden conectarse con mentores y potenciales clientes es fundamental. Esta es la razón por UNICEF creó una red mundial de laboratorios de innovación a través de aceleradoras que traen los negocios, las universidades, los gobiernos y la sociedad civil para crear soluciones sostenibles a los desafíos más apremiantes que enfrentan a los jóvenes. El modelo de laboratorio crea oportunidades para que los jóvenes que tienen una visión única de los desafíos que afectan a sus comunidades vayan creando equipos que crezcan con los líderes locales para desarrollar soluciones creativas y sostenibles.

Además, estas organizaciones de apoyo como las aceleradoras pueden ayudar los emprendedores e innovadores a entender mejor el proceso de llevar las ideas al mercado, en parte por el desarrollo de metodologías que pueden ser utilizadas y transferidas.

Esta red de apoyo puede también desempeñar un papel fundamental en la investigación de antecedentes y dar a los empresarios un "buen sello de aprobación", por lo que es más fácil para un emprendedor a partir de este aprendizaje ponerse en frente de business angels y de los clientes. Los inversores estarán dilucidando con mayor claridad si están tratando con alguien que tiene la próxima gran cosa que será un éxito global, o es simplemente una persona con una idea interesante, pero no comercializable o escalable a los mercados. Este sello de la aceleradora puede ayudar a mejorar el posible negocio o empresa.

Debido a que el espíritu empresarial es tan arriesgado e implica a menudo que es la primera vez de la gente que pone en marcha negocios, las iniciativas para ayudar a los empresarios y que aprendan unos de otros puede ser algo crítico. Los programas de aceleración de las mejores aceleradoras del mundo , que ya son globales, incluyen un importante pr

Esquema procesos de aceleración

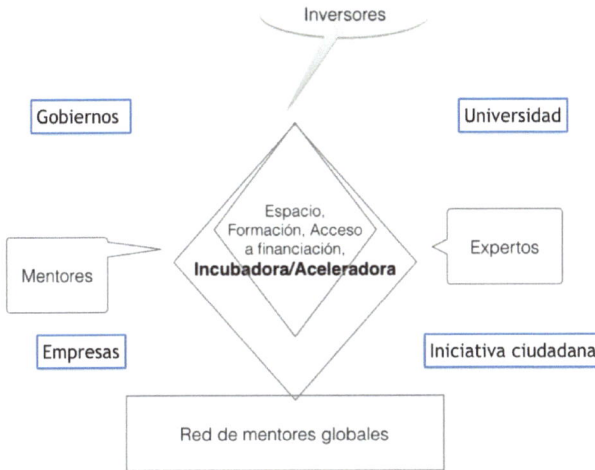

Fig. 6. Los procesos que deben estar en una aceleradora de emprendimiento

ograma de fomento del espíritu empresarial mundial donde los líderes de otros sectores aportan capital, ideas y mentores, y se reúnen en ciudades específicas donde hay acceso limitado a ese talento. Además, es conveniente impulsar un programa de mentores con espíritu empresarial mundial basado en la web, donde los empresarios exitosos y expertos de todo el mundo podrían ayudar a los empresarios en ciernes en el desarrollo de planes de negocio, la creación de estrategias de marketing y de inversión, y que sirve como necesarias "cajas de resonancia". Muchas Universidades ya lo hacen y reclutan a través de la web a los mejores mentores que quieren colaborar con estas instituciones.

Ahora toca avanzar , acelerar, emprender.

Recuerdo esta frase: "Cuando todo parece ir en contra de usted, recuerde que el avión despega en contra del viento, no con el a favor." Henry Ford, fundador de Ford Motor Company.

Capítulo 4

Los cambios en marcha:

El alumbramiento de una nueva era

En la salud, la educación, la arquitectura de las ciudades, la agricultura, el turismo, la cultura, la gobernanza, las relaciones personales estarán sometidas a distintas reglas de juego y a distintas posibilidades de cambio que cambiará nuestras vidas y a su vez nuestras vidas cambiarán también las posibilidades de acelerar estos cambios.

Ahora , en los albores del año 2016, estos cambios los vemos un poco lejanos, quizás utópicos, pero ya son una realidad en muchos de los lugares donde se han comenzado a desarrollar las aplicaciones.

Hace años que en algunas de las conferencias que impartía en España, Latinoamerica o en alguna capital Europea cuando hablaba de los cambios que se avecinaban con la llegada de la tecnología mucha gente que me escuchaba no podía disimular su cara de incrédulos como si asistiera a una de aquellas películas de ciencia ficción de Julio Verne o leyera la obra de ¨Un mundo feliz¨ de Aldous Huxley. Parecía que mi conferencia estaba tan distante de su realidad que a un grupo siempre intentaba convencerles de que su realidad cercana estaba ya

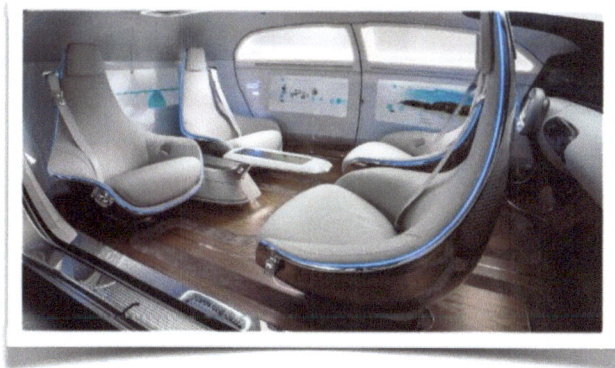

Coche autotripulado de Mercedes-Benz

comenzando a cambiar aunque ellos no se dieran cuenta. Cuando les hablaba del del vehículo automático y autónomo de Google, y de que en el año 2040 el 75% podrían ser autónomos (como el de Google) les refería cómo un familiar taxista, mecánico o policía de tráfico debería pensar que su profesión iba a cambiar tal y como la conocemos.

Podían ir pensando que , al menos, la siguiente generación ya no iba a tener la misma profesión que sus padres o madres. Los coches de Google ya han recorrido más de 2,5 millones de kilómetros en pruebas y en concurrencia con los demás vehículos, con tan solo 3 accidentes (que se sepa). Esa es la realidad con la que ya tendremos que convivir. En el año 2016 ya habrá marcas como Toyota,

Mercedes o Lexus que dispondrán de los primeros prototipos. De hecho las grandes marcas ya se han trasladado al Silicon Valley a trabajar en el coche totalmente autónomo: BMW, General Motors, Honda, Mercedes y Nissan. Tesla trabaja ya también en uno totalmente autónomo continuación del eléctrico y ya hay camiones que están incorporando piloto automático. Serán al principio muy caros, por la cantidad de sistemas y sensores que irán instalados en ellos, pero su precio se irá haciendo más asequible a medida que aumenta la competencia y que aumenta la demanda. El poder ir en el coche hablando entre sus ocupantes, trabajando en él, poder encargarle recoger a los niños del colegio, recogernos en el trabajo, etc, cambiará nuestra vidas y la vida en las ciudades y en el campo. Esto comenzará a ser una realidad ya. La pregunta era , la que le hacia a mis sufridos oyentes era: si ante estos cambios ellos iban a quedarse contemplando que pasaba en el mundo para poder comentar con los amigos o con la familia, o quizás en las redes sociales, como estaba cambiando el mundo o adoptar una actitud más activa y comenzar a pensar y actuar para intentar formar parte de esos cambios.

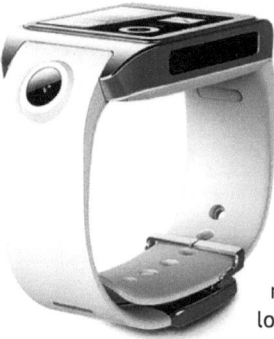

Los nuevos dispositivos inteligentes: eHealth e Internet de las cosas

Pero ocurría igual cuando les hablaba de las gafas Google Glass o el avance de la realidad aumentada o la realidad virtual, en la que -por ejemplo- ya muchos cirujanos especialistas comenzaban a formarse y en aplicar su uso a la practica profesional en un hospital, donde ya íbamos a poder ser operados de forma mucho más segura que antes. O cuando les comentaba los avances en el campo de la salud que se iban a producir en los relojes inteligentes desde los que se iba a poder controlar nuestra salud, nuestras constantes vitales, nuestra actividad cardiaca,nuestra tensión arterial o nuestro nivel de glucosa en sangre y de cómo desde la distancia un centro médico, quizás un robot iba a poder darnos indicaciones acerca de cómo mejorar nuestros niveles de salud.

Y no sólo eso sino que pueden encontrar ya prescripciones médicas de algunas de las aplicaciones que ya estén certificadas por las autoridades sanitarias (que ya lo hacen en Estados Unidos y en Europa) . Actualmente se estima que hay ya en el mercado unas 400,000 apps relacionadas con la salud en USA y que crecerán más del doble en cada año. Dentro de poco los laboratorios farmacéuticos trabajarán en aplicaciones de salud , que venderán a los proveedores sanitarios para la mejora de la salud de sus pacientes y las compañías aseguradoras y los servicios de salud. Y aquí vuelve la pregunta: ¿Tener una actitud contemplativa y ser unos meros espectadores de la realidad en la que vivimos? o quizás ¿convertirnos en actores activos de ella participando en nuestro ámbito intentando innovar?

Para desarrollar esta experiencia nos embarcamos con un equipo muy motivado en crear la **Comunidad que hemos llamado #WeHealth**[36] , una comunidad que nació con una vocación interdisciplinar entre profesionales relacionados con la programación, así como profesionales del ámbito de la salud , del diseño y del emprendimiento. Es la suma de la nueva ciencia que surge del uso de los llamados #Wearables (o vestibles), y de la nueva disciplina llamada #eHealth, relacionada con la Salud Digital. Se trata de trabajar de forma abierta con un grupo de desarrolladores y desarrolladoras que están interesados en las tecnologías en torno a la salud y la calidad de vida , y que estarán apoyados por otros profesionales de la salud y del mundo de los negocios.

La Comunidad WeHealth tomará muchas formas – desde sólo unas pocas personas que se reúnen todos los meses para conocerse e intercambiar conocimiento , hasta grandes eventos, premios, hackhatones.

Es un espacio para desarrolladores y desarrolladores con contenido técnico y por tanto la audiencia principal son desarrolladores, manteniendo el objetivo de fomentar la participación de mujeres tecnólogas y de vincular profesorado y alumnado de informática con los de otras disciplinas como : Medicina, enfermería, Veterinaria, Ciencias, Administración y dirección de empresas, relaciones laborales, fomentando el trabajo multidisciplinar .
A esta comunidad se ha sumado las impulsadas por las Universidades de Berkeley y Stanford, el Instituto Tecnológico de Monterrey (México) , y la Universidad de Granada, creando una gran comunidad global que podrá tener foros comunes, compartir herramientas, posibles negocios o empresas, etc., a través de una herramienta común para los desarrolladores (GitHub).

El negocio de los wearables generará en el mundo un negocio de más de 25,000 millones de Euros hasta el año 2020 y lo que es más importante en esta área de trabajo se desarrollará uno de los espacios de investigación y desarrollo más importantes en volumen y en resultados , especialmente en las empresas tecnológicas. Ya muchas de estas grandes empresas como Apple, Samsung, Intel o Google, destinan una buena cantidad de dinero a ello. Laboratorios Farmacéuticos y Aseguradoras se han unido también a la investigación a esta nueva disciplina.
Aún estamos en las fases iniciales de la comunidad, pero ya están implicadas en ella más de 400 personas en todo el mundo.

Educación y cambios sociales: El próximo desafío es cambiar la educación
Sir Ken Robinson con su pensamiento acerca de la educación ha revolucionado buena parte del concepto de la nueva reformulación del sistema educativo.

---

[36] La Comunidad #WeHealth http://wehealth.es/

Muchos de nuestros gobernantes para acceder al cargo deberían leer al Dr. Robinson antes de tomar alguna decisión. Para Robinson "El modelo educativo de la sociedad industrial se basa fundamentalmente en un conocimiento operativo, práctico, de aprendizaje y repetición de tareas, y en un conocimiento profesional, mas abstracto, basado en un análisis previo de un problema y en la elección de una respuesta al mismo. El modelo educativo de la sociedad del conocimiento debe basarse en un conocimiento científico, reflexivo, crítico, creativo".

Esto está más adaptado a los nuevos tiempos y además encaja mejor con los nuevos movimientos sociales surgidos con las redes sociales como aliadas de su comunicación.

Decía Robinson que "hay que reformar profundamente el modelo educativo porque en la sociedad actual los objetivos han cambiado significativamente. En

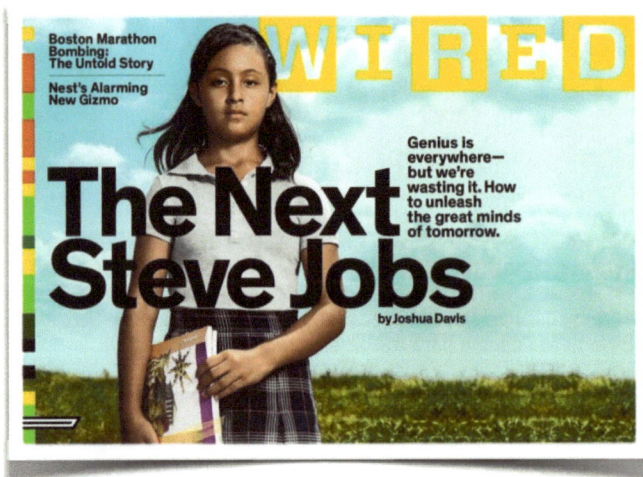

Fotografía de Portada de la revista Wired

el aspecto económico ¿cómo capacitar a los alumnos para el trabajo si no sabemos como estará el mercado laboral la próxima semana, tal y como demuestra la actual crisis?. En el aspecto cultural ¿qué pasa con la identidad cultural ante el fenómeno de la globalización y la interculturalidad?. Y en el aspecto personal ¿cómo afrontamos el desarrollo personal de la persona ante las exigencias de la sociedad actual?. Creo que estas son suficientes y potentes razones para una profunda reforma del panorama educativo".
Y adentrándonos en esta realidad, que ya es más una necesidad perentoria, vemos algunos ejemplos innovadores en el mundo.

Todos estos cambios que hemos referenciado vendrán acompañados de otros muchos en el sector de la educación, donde aún funcionamos con parámetros del siglo XIX, una educación concebida para las sociedades industriales, que piensan en el aprendizaje ¨en cadena¨ como si de una fabrica de certificación de un producto o servicio se tratara. Los alumnos encuentran en la red tanta o más información y conocimiento que encuentran en la escuela, incluso a veces encuentran otras formas más eficaces de hacer las cosas que las que sus profesores les enseñan en las aulas tradicionales.

Hay ya experiencias de otras formas de hacer las cosas en la educación. Conocemos experiencias muy exitosas del profesor **Sugata Mitra**[37] en la India y en otros países distintos y en zonas deprimidas, donde el rendimiento ha mejorado notablemente utilizando la tecnología y los profesores han adoptado un nuevo rol con al introducción de nuevas formas de acercamiento al conocimiento. Estos experimentos fueron luego replicados en Mexico por el profesor Sergio Juárez Correa [38], y con resultados muy similares. La revista Wired[39] le dedicó una portada a la niña mexicana, Paloma Noyola Bueno, una niña de 12 años que vivía en Matamoros, una ciudad de unos 420,000 habitantes cercaa de la frontera de Mexico con EEUU, y que tenía su escuela encima de un antiguo basurero, y en cuya ciudad campa por sus anchas el narcotráfico. Un ejemplo para muchos gobiernos que no saben cómo abordar la mejora de su sistema educativo y su adaptación a la nueva realidad de internet y las tecnologías.

Y que decir de las experiencias de la **Khan Academy** [40] o en la Universidad de los cursos de **Stanford (Coursera** [41]) o de tantas Universidades que ya están cambiando su modelo de negocio hacía otras formas de aprendizaje a través de los llamados PLEs y del aprendizaje personalizado.

La **Khan Academy** es quizás otra de las experiencias más interesantes a analizar. Nacida de un emprendedor, **Salman Khan**[42], profesor, ingeniero eléctrico de profesión, y matemático que comenzó de forma brillante a formarse en las mejores Universidades del Mundo y a trabajar en las mejores empresas para acabar fundando en el 2008 una institución ejemplar para mejorar la educación en el mundo.
No es casualidad que la revista Forbes lo haya puesto en portada como uno de los pioneros en la educación del siglo XXI. Actualmente llega a 216 países y a unos 20 millones de alumnos en todo el mundo.

Para la **Khan Academy** lo que importa es el Aprendizaje, no la enseñanza. Lo que importa no es lo que se le enseña al alumno , sino más bien que el alumno aprenda lo que le resulte más fácil. Según este enfoque el mejor maestro no es

---

[37] Ver Sugata Mitra . https://es.wikipedia.org/wiki/Sugata_Mitra y sus investigaciones en la Universidad de Newcastle.
[38] Sergio Juárez Correa: El maestro que revolucionó la educación en Mexico(BBC News)
[39] Revista Wired: http://www.wired.com/2013/11/aprendizaje-independiente/
[40] Khan Academy en Español: https://es.khanacademy.org/
[41] Los cursos de Coursera en español: https://es.coursera.org/
[42] Salman Khan https://es.wikipedia.org/wiki/Salman_Khan_(profesor)

el que da mejor la clase o tiene más preparación académica (menudo cambio de enfoque), sino el que ¨se puede sentar¨ al lado del alumno y cambiar su mentalidad, el que puede ser mentor del alumno, el que puede alentar al alumno a que tome las riendas de su propio aprendizaje¨. Se trata de tener

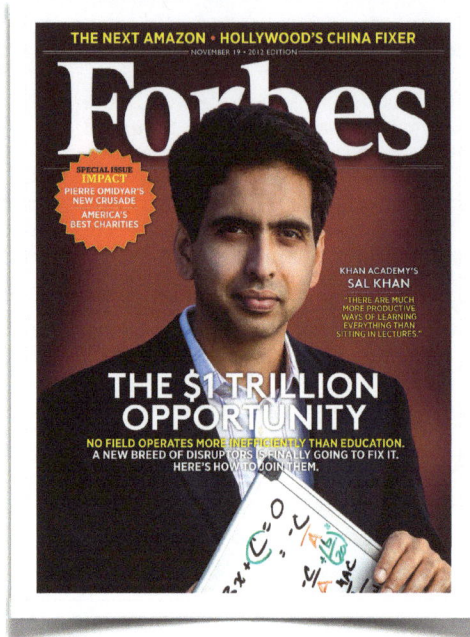

Portada de la Revista Forbes con Salman Khan (Noviembre 2012)

educadores inspiradores. Y se trata también de personalizar la educación.

Otra asignatura pendiente es la de la transformación de las Universidades en el mundo. En países desarrollados, especialmente en Europa, el debate a raíz de la crisis económica se ha centrado en el mantenimiento de la financiación de las Universidades, fundamentalmente las Públicas, y ese debate ha eclipsado el verdadero debate que han resuelto algunas Universidades de otros países como han hecho las Universidades Americanas y algunas del Sudeste Asiático, conectando el sistema productivo y el sistema universitario. El sistema educativo cambiará. La personalización de la educación se abre paso porque cada uno de nosotros tiene una forma distinta de aprender. Además los paradigmas que han crecido estos años en determinados países, especialmente en America Latina, con la creación de Parques Tecnológicos ligados a la Universidad, también está puesto en entredicho. Los principales indicadores de la innovación y el avance tecnológico, como es el registro de patentes de nuevos inventos nos ponen muy a las claras como pequeños países donde no existen tales infraestructuras Como Corea del Sur (12,400 patentes) e Israel (1,600 patentes) producen cada uno al año que todos los países de América Latina y el Caribe juntos (1,200 patentes), según datos de la Organización Mundial de la Propiedad Intelectual de Naciones Unidas (OMPI) .

Parece claro , en este sentido, que las pocas patentes internacionales están relacionadas con la ausencia de un buen ecosistema de innovación , como afirma la OMPI, ligado a 1) tener un buen sistema educativo, 2) incentivos fiscales para estimular la investigación y el desarrollo, 3) mecanismos financieros para respaldar el capital riesgo y 4) políticas que favorezcan la movilidad de las personas altamente calificadas y la atracción de talento de otros lugares. Esto es relativamente fácil y rápido de hacer. Lo han demostrado ya muchos países como los mencionados, Singapur, Shanghai...

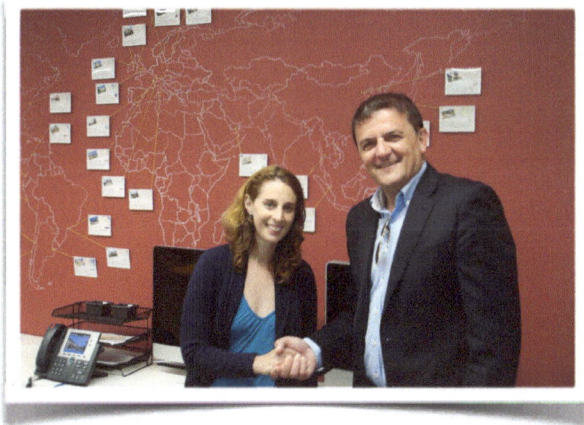

Rebecca Edwards de la *Stanford Technology Ventures Program*

Mi experiencia en este campo, además de mis colaboraciones permanentes con Universidades Españolas y Latinoamericanas, fundamentalmente está basada en el funcionamiento de varias Universidades del Silicon Valley con quien mantengo una relación fluida y de colaboración en varios proyectos que hemos puesto en marcha o los hemos impulsado al menos, y que han resuelto satisfactoriamente este bucle de innovación y conexión con el ecosistema productivo. En el ámbito de las Universidades privadas la que se considera la número 1 , la Stanford University, tiene establecido un ecosistema de innovación ligado a la productividad empresarial con acuerdos con grandes corporaciones y grandes empresas del Valle como Google, Apple, Facebook, Sun Microsystems, Intel, Symantec, Hewlett Packard, Airbnb, Spotify, Amazon, Sales Force (una de las compañías que más ha crecido en el Silicon Valley)

Además su sistema de atracción del talento hace que buena parte de las mejores ˝mentes˝de todo el mundo se den cita en esta meca de la investigación y el desarrollo. Tuve la suerte de compartir con la profesora Rebecca Edwards, Directora *Stanford Technology Ventures Program[43]*, de la Stanford University, con quien estuvimos viendo su labor en el mundo y las posibilidades de colaboración para desarrollar un Hackathon Global para la promoción de talento con ayuda de la tecnología en países subdesarrollados o en vías de desarrollo. Su mentalidad abierta y su actitud productiva hacía esta iniciativa reflejaba claramente la cultura de este ecosistema al que me refería anteriormente. Enseguida encontramos vías de colaboración que se salían de las habituales y burocráticas que se establecían en cualquier otro país europeo entre universidades y empresas. Sin trabas y sin procedimientos inacabables en los que se empleaban decenas de personas. Lo importante era comenzar a trabajar en el proyecto que mereciera la pena , dejando claro los recursos, su procedencia y el dinamismo de la colaboración. Rebecca me mostró como un par de alumnos suyos, unos años antes, habían creado Instagram. Se trataba de Kevin Systrom, quien curiosamente tardó más en obtener la Visa para vivir en EEUU que en crear la red social, y Mike Krieger, un brasileño de Sao Paulo con mucho talento también. Los dos estuvieron de becarios en su Departamento y de los dos nació la compañía que ahora está valorada en más de 1,000 millones de dólares. Kevin rechazó una oferta de su compañero de clase , un tal Mark Zuckemberg, fundador de lo que era entonces el proyecto de una red social llamada The Facebook, para crear una interface de fotografías para la red social. prefirió quedarse de camarero en el 2006 sirviendo cafés en Stanford. Pasó por Google, haciendo aburridos informes para la dirección (ya apuntaba maneras burocráticas Google), más tarde por Twitter donde hizo amistad con su fundador Jack Dorsey. Más tarde creó su propia red social ligada a la geolocalización, Instagram. La revista Forbes[44] en su número de Enero de 2012 dedicó un reportaje impresionante al éxito de la red social más popularizada entre los jóvenes. Rebecca Edwards tenía razones para sentirse orgullosa de sus alumnos en Stanford.

El propio sistema de formación que la Universidad de Stanford dedica al emprendimiento demuestra la fuerte apuesta por el emprendimiento y la innovación. Su plataforma de *eCorner* (Stanford University´s Entrepreneurship Corner)[45] . Es el mayor repositorio de videos y material pedagógico para apoyar este sistema en el mundo. Un ejemplo de la gran apuesta de esta Universidad por un nuevo sistema de enseñanza.

---

[43] Stanford Technology Ventures Program: http://stvp.stanford.edu
[44] Revista Forbes (Enero 2012):   Instagram´s http://www.forbes.com/sites/stevenbertoni/2012/08/01/instagrams-kevin-systrom-the-stanford-millionaire-machine-strikes-again/
[45] La Plataforma de apoyo al emprendimiento *eCorner* : http://ecorner.stanford.edu

Otro ejemplo es el de la Universidad de Berkeley , Pública, y que acumula también un gran prestigio entre las empresas del valle y en todo el mundo. En la Universidad de Berkeley mantuve una estrecha colaboración con el equipo de la Facultad de Informática. Especialmente con el equipo que había liderado la creación de Citris[46] -Centro de Tecnología de la Información e Investigación sobre los intereses de la sociedad. Con ellos organizamos el primer Hackathon *"#CampusInWatch"*[47] sobre dispositivos inteligentes y smartwatches y su aplicación a la mejora de la calidad de vida y de la salud. Conocí ahí no sólo al Director , el Dr. Costas Spanos, sino también a varios jóvenes emergentes que

El Hackathon CampusInwatch en el Mobile World Congress de Barcelona 2015 con el equipo ganador de la Universidad de Berkeley

trabajaban en el Citris Foundry[48] . El Citris Foundry es una incubadora de tecnología con base en la Universidad de California Berkeley que ayuda a los empresarios a construir empresas en la intersección de hardware, software y servicios. El Foundry proporciona acceso a diseño, fabricación y herramientas de negocio, con el apoyo de la comunidad de mentores y que ayuda a transformar en equipos fundadores de startups. Allí conocí a varios jóvenes emprendedores que trabajaron conmigo y con mi equipo en mi nueva empresa unos meses y pude aprender mucho de ellos. Capitaneados por Alic Chen (Co-founder del Citris Foundry), trabajaron Jessie Salas (fichado unos meses más tarde por Apple), por Andrew Steven Koth, y David J. Park . Todos ellos ya con una capacidad de

---

[46] Acerca de Citris : http://citris-uc.org/about-citris/
[47] El Hackathon CampusInWatch http://campusinwatch.org/
[48] Foundry Citris: http://foundry.citris-uc.org/

liderazgo impresionante. Ellos me enseñaron mucho, especialmente Alic Chen con quien mantengo una relación profesional continua y con quien desarrollamos nuevos proyectos. Este ecosistema de Citris Foundry ya está dando sus frutos en el Campus de Berkeley y está soportado por varias Universidades del Silicon Valley para dar sus frutos (como ya lo está haciendo) con la creación de startups en el ambito del medio ambiente, de la salud, etc. Desde el 2013 se han fundado 16 compañías, se han captado 20 millones de dólares de capital y desde ellas se han aportado a la economía de California más de 30 millones de dólares.

Para finalizar este recorrido merece la pena que miremos al MIT. El mítico Instituto que ha supuesto que las empresas que han nacido de él, si se unieran lo que han conseguido facturar desde su creación, el MIT sería el 7º país del mundo en cuanto al PIB. Conocí al fundador del Instituto Tecnologico de Massachusetts[49], **Nicholas Negroponte** en Granada en Enero del año 2012. Ya le conocía también por su famoso programa del ordenador ¨barato¨para las escuelas de Africa. Un programa revolucionario y que le generaría importantes avances al continente africano, pero por el que también recibió numerosas críticas. Le

En la foto Nicholas Negroponte fundador del MIT en Granada con Juan Francisco Delgado en la reunión con innovadores

invité a dar unas conferencias en un foro internacional que organizaba y que pretendía que nos hablara de su experiencia en innovación. Le pedí igualmente que nos chequeara como vea los avances que en la Red Guadalinfo -que yo dirigía por aquel entonces- estábamos haciendo para la generación de proyectos de innovación social. Tras analizar de forma directa a más de 20 proyectos de

---

[49] Para ver y adentrarse en el MIT http://web.mit.edu/

innovación social , y encerrado con unos 25 emprendedores sociales de distintas procedencias nos hizo algunas reflexiones interesantes sobre el emprendimiento y las condiciones para la innovación[50] .

Negroponte nos dijo que: *"la clave del éxito en el emprendimiento y en la innovación , era la medida en la que cada sociedad potencia el asumir riesgos, y que eso se manifiesta de dos maneras: la calidad y cantidad de los programas que se llevan a cabo como iniciativas públicas y de cada gobierno para ayudar a emprender a los ciudadanos y estimular así la innovación social en una determinada región o país, y la segunda es la infraestructura propia de cada país, es decir la existencia de fondos de capital riesgo, incubadoras de emprendimientos e innovaciones, y de otros apoyos necesarios para el emprendimiento, porque las innovaciones vienen de la mano de la gente que es quien crea empresas, quien crea puestos de trabajo, y quien mejora su calidad de vida a base de asumir riesgos"*. Ese fue el mensaje más importante que nos dio Negroponte esos días.

---

[50] Nicholas Negroponte en el Encuentro de Dinamizadores de Guadalinfo 2012 reflexionando sobre los proyectos de innovación social https://youtu.be/-TfIQa9NyMY

Capítulo 5

La Innovación en América Latina.

He querido hacer un capitulo especial a la realidad Latinoamericana. Creo que merece la pena hacer una reflexión al respecto. Son muchas las realidades emergentes las que aparecen especialmente en el ámbito de la innovación social y de las startups como para que podamos hacer una reflexión al respecto.

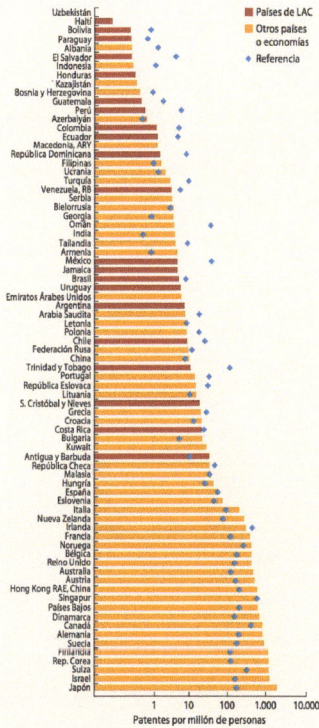

Fuente: Banco Mundial, resultados basados en datos de la Oficina de Patentes y Marcas de Estados Unidos de 2012 (USPTO, por sus siglas en inglés, *U.S. Patent and Trademark Office*) y de los Indicadores del Desarrollo Mundial.

Chile, Colombia, Brasil, Ecuador, Mexico, Panama tienen brillantes ejemplos en éste contexto innovador. Queda mucho por avanzar, pero también se han puesto algunas piedras que a modo de cimientos pueden servir para construir otra realidad.

Según un informe del Banco Mundial[51] ¨Las empresas latinoamericanas introducen productos nuevos a un ritmo menor que sus contrapartes en otras regiones en desarrollo. De hecho, en Ecuador, Jamaica, México y Venezuela, la tasa de desarrollo de productos es menos de la mitad que la de Tailandia o Macedonia. Consecuentemente, esta falta de innovación daña la competitividad, frena el crecimiento y repercute en la generación de puestos de trabajo de calidad¨. Eso no es obvie para que se trabaje en la mejora de esa situación.

Hay otros factores que el Banco Mundial destaca también para que no se den iniciativas innovadoras. Aquí las enumeramos sin salirnos del enfoque positivo que queremos dar sobre las potencialidades de America Latina, pero no sin hacer un recorrido por las dificultades objetivas que se encuentran en la región.

Por ejemplo cabe destacar que ¨existe una brecha sustancial y crónica en términos de innovación entre LAC y los países y regiones comparables. Esta brecha existe no solo en el ámbito de la I+D y las patentes, sino también en el contexto

---

[51] El emprendimiento en América Latina: Muchas empresas y poca innovación (2013) http://www.worldbank.org/content/dam/Worldbank/document/LAC/Emprendimien-toAmericaLatina_resumen.pdf

de la innovación de productos y procesos; además, la sufren las empresas grandes y pequeñas por igual. De hecho, incluso las estrellas emprendedoras de la región —las empresas exportadoras y las multilatinas—están atrasadas en aspectos importantes relativos a la innovación¨.

Según el informe del Banco Mundial son cuatro las razones para que se dé esta situación :

1) **Capital humano:** Los graduados universitarios en ciencia y tecnología y los ingenieros escasean en América Latina, y esta escasez tiene un impacto directo en la innovación. De hecho, el cofundador de Scup, Daniel Heise, admite que ha estado intentando cubrir diez vacantes a lo largo de un año, aunque sin éxito. Relacionado estrechamente a la calidad de la educación, el informe reconoce que este es un desafío crucial para la región.

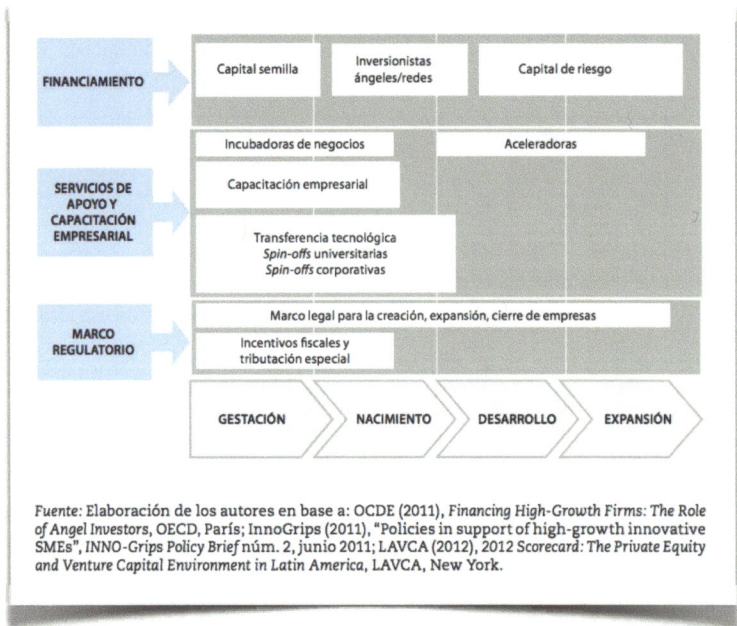

Fuente: Elaboración de los autores en base a: OCDE (2011), *Financing High-Growth Firms: The Role of Angel Investors*, OECD, París; InnoGrips (2011), "Policies in support of high-growth innovative SMEs", INNO-Grips Policy Brief núm. 2, junio 2011; LAVCA (2012), *2012 Scorecard: The Private Equity and Venture Capital Environment in Latin America*, LAVCA, New York.

Fig. 7.- Esquema de apoyo a las startups en America Latina , OCDE (2013)

2) **Propiedad intelectual:** Dado que cada país cuenta con sus propias leyes en torno al tema, garantizar los derechos de propiedad intelectual puede llegar a convertirse en una ardua tarea burocrática para los emprendedores de la región. Este panorama complicado brinda menos protección a los creadores de un

producto, desalentando la tan necesaria inversión en investigación y desarrollo de nuevos productos.

3) **Asunción de riesgos**: A nadie le gusta el fracaso, pero en América Latina la profunda vergüenza social asociada al fracaso frena la innovación, desalentando la asunción de riesgos por parte de los emprendedores. Esto es evidente tanto en la reticencia individual a nivel empresario como en el bajo nivel de inversión en investigación y desarrollo, especialmente en el sector privado.

4) **Logística** : La modernización de los puertos, el transporte y el sistema aduanero podría mejorar las ventajas competitivas de los productos regionales. Actualmente, la baja calidad de los servicios públicos, enlaces de comunicación e infraestructura de transporte multiplican los obstáculos que enfrenta la región a la hora de mejorar su capacidad de producción.

A esto se le unen las dificultades burocráticas para crear una nueva empresa de base tecnológica. El tiempo que se tarda en dar de alta a una empresa aún esta por encima de la media de todos los países del mundo. Aunque hay honrosas excepciones , que han hecho mejorar esos trámites, reduciendo el tiempo considerablemente. Chile o Colombia son un ejemplo.

Una de los pilares fundamentales para la transformación en America Latina es la promoción de la creación de Startups. Según el informe de la *OCDE*[52] *sobre el desarrollo de Startups y de la Innovación en America Latina* "...tanto en los países de la OCDE como en los de América Latina, existen barreras a la creación y expansión de las nuevas empresas innovadoras; por ello las políticas públicas juegan un papel importante en generar incentivos y facilitar la gestación y desarrollo de las mismas".

Algunos países como Chile o Colombia han hecho programas especiales para que sus emprendedores visiten el Silicon Valley y participen en proyectos innovadores en este contexto. Cada vez es más frecuente encontrarte a personas que han desarrollado su empresa al calor del exitoso programa "**Startup Chile**"[53] para promover el talento del país y el desarrollo de proyectos o que participen directamente en concursos de ámbito internacional como los Hackathones. En San Francisco encontré a varias empresas chilenas que habían logrado llegar a la final del **#AngelHack**[54] un hackathon global , con los mejores seleccionados de China, Sudeste Asiatico, Europa, Africa y Estados Unidos.

---

[52] Startups en America Latina, promoviendo la innovación en la región, OCDE 2013. http://www.oecd.org/dev/americas/SP_complete%20Start%20Up%20Latin%20America%20Spanish%20edition.pdf

[53] Startup Chile lleva varios años con un programa muy exitoso http://www.startupchile.org/

[54] Los Hackathones de Angel Hack son ya un clásico en el mundo http://angelhack.com/

El apoyo a las startups como instrumento de innovación tiene una gran diversidad. Países como Chile y Brasil tienen una mayor tradición, ahora se incorporan Colombia, Mexico, Perú, Ecuador...

Según la **OCDE** "Un gran desafío para los países de América Latina es brindar formas de financiamiento adecuadas en las distintas etapas de desarrollo de las startups, desde su gestación hasta su expansión. Brasil y Chile son los países que presentan el abanico de instrumentos de apoyo más completo; México enfrenta desafíos en las etapas tempranas y Argentina en las de expansión. En Colombia y Perú se están introduciendo mecanismos de apoyo en lo que se refiere a capital semilla. Varios países de la región han avanzado en el marco legal en los últimos años, al reducir el número de procedimientos, los costos y tiempos para la creación de nuevas empresas. En ese ámbito destacan los avances logrados por Chile, Colombia y México"

Como nota positiva destaca la **OCDE** que "casi todos los países de América Latina cuentan con algún mecanismo de apoyo a la capacitación empresarial. Argentina, Brasil y Chile destacan por poseer instrumentos de capacitación empresarial más establecidos, mientras que en Colombia, México y Perú éstos se encuentran en fase de desarrollo. Asimismo, todos los países de la región disponen de incubadoras de empresas y han acumulado un aprendizaje relevante en este ámbito. Se aprecia que las incubadoras y aceleradoras en la región tienden todavía a operar de manera más cercana con las universidades y los centros de investigación que con las empresas innovadoras líderes".

A riesgo de omitir algunas experiencias más que respetables en Latinoamerica traemos aquí de referencia dos experiencias que a mi juicio tienen una importante presencia en Latinoamerica específicamente. Se trata de las organizaciones No Gubernamentales que están prestando su apoyo a los innovadores y emprendedores que intentan transformar la realidad de LATAM.

Una de ellas es **SocialLab**[55] , una ONG, sin fines de lucro, que busca generar impacto social positivo a nivel global mediante la búsqueda y el apoyo a emprendimientos disruptivos y sostenibles en etapa temprana. Buscamos impulsar un nuevo modelo de desarrollo socio-económico, centrado en resolver los principales problemas de la humanidad a través de estas iniciativas. Contamos con oficinas en Argentina, Chile, Colombia, México y Uruguay. Su lema es innovar, cocrear, e impactar. Una buena tarjeta de presentación para la innovación social y que ha dado ya cifras de desarrollo muy importantes.

Otra de las grandes iniciativas es **Ashoka**[56]. Ashoka es la red de emprendedores sociales líderes más grande del mundo. Fundada en 1980 por el norteamericano

---

[55] SocialLab es una ONG que ha recaudado ya en 2015 unos 2 millones de dólares de apoyo a la innovación social en LATAM http://socialab.com/
[56] Ashoka , una ONG de apoyo a la innovación social https://www.ashoka.org/

Bill Drayton en Washington DC, identificando y apoyando a los emprendedores sociales líderes, a través de un enfoque de inversión social, con el fin de elevar el sector ciudadano a un nivel competitivo igual que el sector empresarial. La organización opera actualmente en más de 71 países y apoya el trabajo de más de 3 mil emprendedores sociales, quienes son elegidos como Fellows de Ashoka. La visión de Ashoka es "Todos podemos ser agentes de cambio": un mundo que responde rápida y efectivamente a los desafíos sociales, y donde cada individuo tiene la libertad, la confianza y el apoyo de la sociedad para responder ante cualquier problema social e impulsar el cambio. Es por esto que Ashoka ha desarrollado iniciativas muy interesantes como Ashoka U[57], Ashoka Joven (Youth Venture)[58], Changemakers Schools[59] y Walls no More[60].

La especialización de los recursos humanos es esencial para progresar en America Latina en el campo de la innovación social. Según un estudio de Ashoka U [61] el 63% de las Universidades de LATAM tiene actividades de innovación social, un 33% cuenta con incubadoras /aceleradoras, un 8% cuenta con residencias para emprendedores, y un 80% cuenta con becas para realizar estudios sobre la innovación social. Lo fundamental de todo esto es que ha sido en los últimos dos años cuando se ha desarrollado mas intensamente, por lo que aún es una realidad emergente.

En España en cambio esta realidad está muy lejos de America Latina. Hay muy pocas Universidades Públicas que tengan alguna aceleradora o incubadora. Es en el ámbito de la iniciativa privada donde este fenómeno es más vigoroso en los últimos años, pero la crisis económica también ha acabado con un buen número de ellas. Muchos coworking con vocación de aceleradoras han ido cerrando tras varios años de funcionamiento en el mejor de los casos. Otras han sido meses lo que han podido aguantar el envite de la cruda realidad de los emprendedores en España en plena crisis económica en los años fatídicos 2008-2015.

No puedo evitar estar de acuerdo con esta frase para este capítulo *"Honestamente puedo decir que nunca he ido a cualquier negocio puramente para ganar dinero. Si ese es el único motivo entonces creo que es mejor no hacerlo. Una*

---

[57] Ashoka U , es una iniciativa para la investigación y formación http://ashokau.org/
[58] Ashoka Youth Venture es una plataforma de apoyo a jóvenes innovadores con financiación para sus proyectos https://www.youthventure.org/
[59] Change Markers, es una iniciativa transformadora de realidades y desafíos https://www.youthventure.org/
[60] Wall No More, es más bien una estrategia de comunicación de Ashoka.
[61] "ECOSISTEMAS DE INNOVACIÓN SOCIAL: EL CASO DE LAS UNIVERSIDADES DE AMÉRICA LATINA" Ed. Ashoka U, CLab , Sura (2015) https://www.academia.edu/12083370/Ecosistemas_de_innovaci%C3%B3n_social_-_el_caso_de_las_universidades_de_Am%C3%A9rica_Latina

empresa tiene que ser la participación, tiene que ser divertido, y tiene que ejercer sus instintos creativos". Richard Branson , CEO de Virgin

Capítulo 6

La Innovación Social como instrumento

para los nuevos desafíos

Adentrarnos en la innovación social es una tarea en principio sencilla. Unir los dos términos nos puede ayudar a una aproximación más que satisfactoria de la definición. No obstante se está imponiendo de hecho una definición de hecho , que en 2013 la Comisión Europea[62] hizo suya , aún reconociendo las dificultades para consensuar un marco conceptual universal para el concepto.

Hoy en día se ha hecho multitud de aproximaciones académicas que no acaban de ¨superar¨ la definición que la propia Comisión ha realizado y que a nivel mundial ya está siendo referenciada por distintos investigadores de varias Universidades.

La crisis económica y la pandemia de pesimismo que vivimos en Europa está

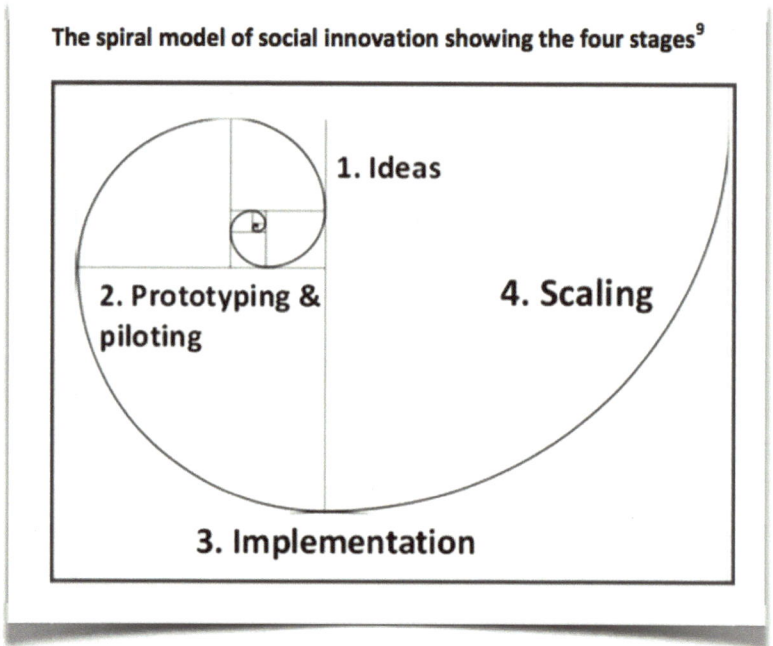

The spiral model of social innovation showing the four stages[9]

1. Ideas

2. Prototyping & piloting

4. Scaling

3. Implementation

Fig. 8.-Las 4 etapas del modelo en espiral de la innovación social , CE (2003)

haciendo que el modelo económico tradicional se esté replanteando hacia nue-

---

[62] Guide to Social Innovation (2013) http://ec.europa.eu/regional_policy/sources/docgener/presenta/social_innovation/social_innovation_2013.pdf

vas formas de generar valor económico y social a la labor que realizan instituciones, empresas y ciudadanía. Se está planteando este nuevo modelo para temas relacionados con el cuidado de niños o de personas mayores, iniciativas para el desarrollo sostenible o la eficiencia energética, en el intercambio de recursos o servicios, para la financiación de nuevas iniciativas o en la búsqueda de nuevas oportunidades o negocios a través de la red.

La Comisión considera como una estrategia esencial para la competitividad de la región, que aplicarse a los servicios sanitarios, a la educación, a la vejez y al cambio climático.

En concreto, la propia Comisión Europea define las innovaciones sociales como las nuevas ideas (productos, servicios y modelos de trabajo) que dan satisfacción a las nuevas necesidades sociales (con más eficacia que las alternativas existentes) y de forma simultánea crean nuevas relaciones sociales o colaboraciones. Las innovaciones sociales no sólo son buenas para la sociedad, sino que también mejoran la propia capacidad de la sociedad para actuar empoderando a la ciudadanía.

Las ideas nacen de la comunidad y se comparten en red, se enriquecen para volver al territorio de convivencia, convertidas en mejoras concretas de las que la ciudadanía es la beneficiaria directa. En una forma de enfocar el trabajo

> *Las innovaciones sociales como las nuevas ideas (productos, servicios y modelos de trabajo) que dan satisfacción a las nuevas necesidades sociales (con más eficacia que las alternativas existentes) y de forma simultánea crean nuevas relaciones sociales o colaboraciones (Frame Work de la Comisión Europea)*

denominada "Botom Up" (de abajo a arriba).

Es un enfoque distinto: la gente, los vecinos de comunidades locales son sólo tienen mucho que aprender, sino que tienen mucho más que enseñar. Si buscamos referencias en este sentido encontramos algunas muy interesantes: El llamado "aprendizaje invisible", bautizado así por el Instituto de Internet de Oxford .[63] La idea es crear una comunidad los más global posible que ofrezca contenidos abiertos, modelos de enseñanza entre pares (con grupos relativamente pequeños), programas de trabajo cortos (3 meses de duración aprox.) y la búsqueda de aprendizajes basados en proyectos de innovación (como unidad de medida y de desarrollo de la innovación) y con contenidos que siempre estén al día en cuanto a las tecnologías y las demandas del sector industrial. Es una P2P que se construye desde tres ideas clave:

---

[63] Cobo Romaní, Cristóbal; Moravec, John W. (2011). Aprendizaje Invisible. Hacia una nueva ecología de la educación. Col·lecció Transmedia XXI. Laboratori de Mitjans Interactius / Publicacions i Edicions de la Universitat de Barcelona. Barcelona.

1) Aprendemos de todos,
2) Aprendemos por todos,
3) Y lo hacemos acerca de casi cualquier cosa.

Se trata de crear comunidades de aprendizaje en el propio territorio y conectadas con otras comunidades en la red. Todo ello bajo los principios de apertura, transferencia horizontal de conocimientos e inclusión. Los llamados entornos personales de aprendizaje (PLE)[64] potencian y favorecen este modelo porque adaptan la formación y el aprendizaje a las necesidades de cada persona según sus propias capacidades y evolución. Un PLE está diseñado para estimular el aprendizaje a través de la inmersión en una comunidad.

Y partimos de proyectos, donde se reflejan las cualidades y conocimientos de las personas y a partir de ahí podemos construir propuestas, iniciativas u ocupaciones que se basan en el talento individual lo "proyectan" a la comunidad. Los proyectos son   entendidos como espacios de conexión de personas con su propio talento.

Ten presente siempre una frase para ponerte en marcha: "Nunca rendirse, nunca, nunca, nunca, nunca, en nada grande o pequeño, no ceder, salvo a las convicciones de honor y el buen sentido. Nunca ceder ante la fuerza; Nunca ceder a la apariencia abrumadora del poderío enemigo." Winston Churchill, fué primer ministro británico.

---

[64] Ver http://e-aprendizaje.es/2012/06/06/entornos-personales-de-aprendizaje-en-guada-linfo/

Capitulo 7
Conceptualizando la Innovación Social

La innovación es por tanto la capacidad de crear y poner en práctica ideas novedosas que se ha comprobado que ofrecen algún valor sobre las existentes, y adquiere un carácter social por el tipo de valor que la innovación tiende a entregar, más centrado en los beneficios en la mejora de la calidad de vida y el bienestar de la comunidad.

La innovación social se centra en las posibilidades reales de progresar partiendo de ideas ciudadanas, ideas pegadas a la comunidad en la que se gestan, que llevan en su "adn" atributos y cualidades que nos permiten avanzar de un modo realmente sostenible y con un cambio de conciencia que la gran mayoría de los ciudadanos y ciudadanas de a pie demandan. Parte de pensar en grande (siempre compartiendo en la nube) y actuando en pequeño, muy pegado a las oportunidades del territorio. La redes sociales en este sentido juegan un papel trascendental, como veremos más adelante.

El enfoque sobre la innovación social se entiende no sólo un modo de una nueva gobernanza trabajo a través de los campos tradicionales de las responsabilidades públicas y/o privadas con la participación activa de los ciudadanos, que es eficaz para hacer frente a los retos de la mitigación del cambio climático, la justicia social, el envejecimiento, etc, sino también la cultura de la confianza y la asunción de riesgos que es necesaria para promover las innovaciones científicas y tecnológicas. Se trata de desarrollar soluciones innovadoras y nuevas formas de organización y las interacciones para hacer frente a los problemas sociales.

La innovación social (según Phills et al) es una solución novedosa a un desarrollo de un problema social que es más eficaz, eficiente, sostenible, que las soluciones existentes y para el cual el valor creado se acumula sobre todo a la sociedad en su conjunto en lugar de los particulares. Una innovación social puede ser un producto, el proceso de producción, o la tecnología (muy similar a la innovación en general), pero también puede ser un principio, una idea, una pieza de legislación, un movimiento social, una intervención, o alguna combinación de ellos[65]. El papel de lo público en la innovación social debe tener la misión de brindar los espacios, recursos, conocimientos, herramientas, etc. que contribuyan a que esas ideas se pongan en marcha, a que los beneficios no sean a título personal, sino comunitario. Los Telecentros o Centros de Innovación Social son un buen ejemplo de ello. La colaboración público-privada ha de dar una mayor sostenibilidad al sistema de innovación social.

---

[65] The *Stanford Social Innovation Review. (2008)*

Cuando hablamos de innovación social hablamos también de valores muy pegados a la comunidad donde se desarrollan; valores que identificamos como comunitarios, los 5 valores que tienen el prefijo "co" como una línea transversal que más que un valor morfológico tienen un valor simbólico y metodológico:

• colaboración,

• corresponsabilidad,

• comunicación,

• cohesión,

• cocreación,

• compartir...

La innovación social se sustenta en[66]:

1.- Las soluciones deben **centrarse en los beneficiario**s, se crea con ellos, preferentemente por ellos, y nunca sin ellos

2. Concentrarse en las **fortalezas de los individuos y las comunidades** en lugar de en sus debilidades

3. **La diversidad enriquece la Innovación**: Aprovechando la diversidad de etnias, edades, religiones, género, etc y no sólo centrarse en la lucha contra la discriminación

4. El **desarrollo de un enfoque holístico, integral,** en lugar de respuestas fragmentadas a diversos problemas de la gente

5. El **fortalecimiento y la ampliación de las alianzas** en lugar de tener cada organización de forma individual el manejo de 'sus' servicios y 'sus' responsabilidades

6. El **trabajo en colaboración y trabajo en red** como formas de estimular el desarrollo social de la innovación

7. La creación de **soluciones de extensión basada en la comunidad local** en lugar de soluciones globales, alejadas de las personas y comunidades

8. **Invertir más en la cooperación** que en la competencia

9. La incorporación y el **mantenimiento de la innovación social** a fin de optimizar la inversión en nuevas soluciones y multiplicar su valor añadido

---

[66] Social Innovation, New Perspectives by Ana Vale, Societade e Trabalho Booklets 12- 2009

10. Valorando no sólo las habilidades certificables, sino también **nuevas habilidades asociadas con la innovación y el descubrimiento de lo que es nuevo,** y qué futuro tiene.

11. El reconocimiento y la **valoración de los líderes de la innovación social,** con procesos de mentorización.

12. Poner en marcha una **nueva gobernanza para el aprendizaje.** Trabajar el People-Government.

Quizás al hablar de innovación social conviene aclarar algunos términos relacionados con el emprendimiento social y con las empresas sociales. A veces se emplean los términos como si fueran sinónimos, aunque hay algunas diferencias.

Para entendernos en un debate sobre la innovación social, vale la pena resumir diciendo que no todas las empresas sociales son innovadoras, que igualmente no todas las empresas sociales son liderados por emprendedores sociales, y no todos los sectores sociales empresarios llevan las empresas sociales. Pero todas las empresas sociales si que seria bueno que llevaran innovaciones sociales. Parece claro que sólo las pequeñas empresas sociales son las que en Europa

Esquema del espacio actual y futuro de la Innovación Social

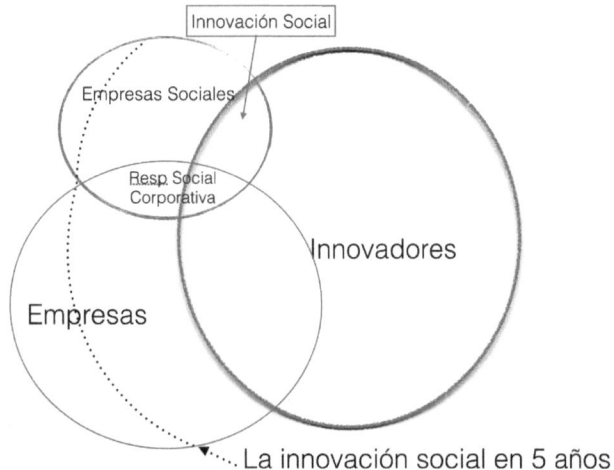

Fig. 9.- Proyección con un algoritmo de proyección geométrica de la futura evolución del espacio de los procesos de Innovación Social (Gp = [ar(N-1)] 1.7958772773843032e+41)

están siendo una pequeña porción del crecimiento. Las grandes empresas y tradicionales no han tenido un crecimiento tan exponencial en innovaciones como las pequeñas. eso sí, el mayor crecimiento viene dado por las pequeñas, que deben tener como gran objetivo internacionalizarse y hacerse grandes para garantizar su supervivencia y su sostenibilidad.

Como se representa en la Fig. 5 el espacio actual de los procesos de innovación social es muy reducido tanto en el ámbito de las empresas denominadas sociales (que responden unicamente a un fin social) y las llamadas empresas (generalmente con fin de lucro). La propia evolución de su consideración y del aumento de las inversiones que veremos en el capítulo 8 nos hace estimar que habrá un aumento de la innovación y de sus procesos en el 85% de las empresas, según el algoritmo de proyección geométrica calculado a los próximos 5 años según la evolución histórica de estos. Generalmente estos cambios en los procesos vendrán acompañados de innovaciones tecnológicas o ligadas al uso de la tecnología.

"Si no se puede volar enseguida corra, si usted no puede correr vaya a pie, si no puede caminar, arrastrarse, pero hagas lo que hagas tienes que seguir adelante." - Martin Luther King, Jr., pastor, activista humanitario y líder de derechos civiles.

Capítulo 8

Hablamos de valores ligados a la innovación social

Merecen capítulo aparte en el contexto cultural donde nos movemos los llamados valores sociales extinguidos. Si en algo existe consenso sobre una de las causas de esta crisis económica global es en la pérdida de los valores ligados al crecimiento personal y al emprendimiento social. Las llamadas décadas de las burbujas (inmobiliaria, financiera o tecnológica) se caracterizaron por asentar unos valores culturales ligados al éxito fácil, rápido, sin esfuerzo... Hay toda una generación que se ha desarrollado bajo estos esquemas que se reproducían en todos los ámbitos de la vida.

Ahora nos enfrentamos a la necesidad imperiosa de recuperar valores perdidos ligados a la innovación social: La cultura del esfuerzo, de la constancia, del espíritu de sacrificio, paciencia, compromiso por mejorar la sociedad...

Se trata como decía Nietchze de que *"muchos están listos para seguir su propio camino, pero pocos en ir tras la meta".*

De la cultura del fracaso al aprendizaje permanente

Es muy importante saber el modo de afrontar la cultura del llamado fracaso en otros países. Los fallos empresariales o técnicos se consideran experiencia y no una marca indeleble de incompetencia en estados Unidos, especialmente en el Silicon Valley. Esto es algo esencial. En el resto de los países la persona que toma una iniciativa y fracasa ya está etiquetado de fracasado y es como un incompetente. En el Silicon Valley es una marca de que has acumulado una experiencia para otras empresas. es imprescindible para poder emprender haber fracasado antes en alguna iniciativa. El llamado ¨fracaso social¨ o el componente social del fracaso hace mucha mella en las culturas española y de America Latina, en general. Quizás la gente se olvida de que el Silicon Valley tiene ya una historia de más de 75 años, y que ha acumulado muchos más fracasos que éxitos , aunque estos últimos sean los más sonados. Si alguien pusiera un contador de fracasos, de empresas que cierran, o en bancarrota, o en proyectos que se caen en el Silicon Valley y estos fueran transparentes para todo el mundo, en un año la lista podría dar la vuelta al mundo con solo los nombres de las empresas si se escribiera en un rollo de papel higiénico. Pero eso lejos de ser un handicap, lo han convertido en una gran fortaleza, y en un icono necesario para poder emprender en el ecosistema. otros ecosistemas son quizás menos tolerantes con los fallos y el fracaso. Alemania puede ser un ejemplo de la aversión al riesgo en la cultura del emprendimiento .

Decía Michael Jordan, el mejor jugador de Baloncesto de la NBA norteamericana, un mito de este deporte a nivel global: "He fallado más de 9.000 tiros en mi carrera. He perdido casi 300 juegos. 26 veces que he estado con confianza para tomar tiro ganador del juego y perdieron. He fallado una y otra y otra vez en toda mi vida y por eso tengo éxito. "

Orientación del capital hacia la innovación social

Los valores están cambiando en el mundo. A medida que vemos como los emprendedores buscan nuevas fuentes de financiación para hacer frente a los problemas del mundo, por ejemplo, llevando electricidad a un hospital de Ghana, construyendo viviendas para personas de baja renta en una región de América Central asolada por un desastre natural, o combatiendo la obesidad entre los niños de las áreas urbanas degradadas de las ciudades americanas, la frontera entre lo público y lo privado, las iniciativas sin fines de lucro y con fines de lucro son cada vez más difusas.

El mayor emprendedor del mundo como es Bill Gates, uno de los políticos más influyentes del mundo como Bill Clinton y el inversor de riesgo también más importantes del mundo están hablando de un nuevo modelo de progreso social y están involucrando al sector privado, y si están usando las herramientas del capitalismo, eso debe ser algo que tiene fundamento.Algunos programas de innovación social si lo comparáramos con el montante gastado en el programa, veríamos que el retorno se multiplicó por 700, según se ha manifestado en el Congreso de Innovación Social de la Universidad de Pensylvania , Wharton (2015).

Estas empresas relacionadas con la innovación social no sólo están involucrados en la generación de riqueza, sino también -y lo que es más importante- en hacer contribuciones al bienestar social. Las cuestiones relacionadas con la disponibilidad y el costo de los alimentos para determinadas zonas del planeta disminuyendo la intervención de los intermediarios, el uso del agua y su calidad, las energías renovables y la eficiencia energética, la seguridad de los datos y del acceso a los mismos y la nueva atención de salud a través de soluciones tecnológicas adaptadas al paciente para un seguimiento en movilidad, se destacan como fundamentales, ya que son las piedras angulares para lograr impacto social.

Israel es uno de los países en los que la inversión en startups innovadoras es más alta. Según la OCDE es el primer país del mundo en inversión por PIB por habitante. Estos sectores mencionados con claves para la economía de Israel.

La experiencia de usuario y el diseño son uno de los factores de la nueva cultura de la innovación social. Los usuarios participan cada vez más en el diseño de los productos y servicios. Empresas de una gran reputación trabajan ya desde el momento del diseño con sus usuarios para determina el diseño de sus productos. Las nuevas empresas relacionadas con la innovación social incorporan la experiencia de usuario a su modelo de negocio, puesto que lo tienen en el ADN. Las empresas que ya están en el mercado les cuesta cambiar la cultura para incorporar esta experiencia de usuario. Como el retorno de la inversión realizada en diseño basada en la experiencia de usuario es muy alto (entre un 2 y un 200% de cada dólar invertido), las nuevas empresas ganan en competitividad y rentabilidad por este hecho diferenciador.

Valores identificativos

La innovación social (IS) tiene valores diferenciales respecto a la innovación. Los valores que identifican la innovación social podemos clasificarlos en:

a) **Participación ciudadana**: Es consustancial a la IS. La participación de la gente en los procesos de innovación se torna esencial en todo el proceso. Es clave una amplia participación de la comunidad en diferentes etapas del proyecto, desde la definición de las necesidades que le dieron origen, la consideración y selección de las alternativas para atacar el problema, la ejecución y el seguimiento del mismo. Por ello hay que diseñar herramientas tecnológicas que permitan realizarla de forma sencilla y eficaz. Las redes sociales como Twitter (mas transparente y evaluable) , Facebook, Whatsapp (muy utilizada en los grupos de ámbito local), youtube, hangouts... son buenas herramientas para fomentar la participación. Además la huella digital facilita también el histórico de la participación. Lo ideal es utilizar varias de forma complementaria, pero muy planificada en función de los objetivos.

En este sentido la participación fomenta la apropiación de la innovación por parte de la comunidad y el empoderamiento de la ciudadanía, incluyendo no sólo a sus líderes sino también al conjunto de los beneficios a participantes en las acciones.

El liderazgo individual, interno o externo a la comunidad surge de las dificultades que se van presentando a lo largo del proyecto por su aporte en la solución de problemas que afrontan líderes elegidos por la comunidad.

Se ha podido comprobar como las comunidades que más necesidades tienen más capacidad para solucionar con soluciones más efectivas los problemas que conllevan estas necesidades.

El apoyo y acompañamiento externo a la comunidad de instituciones y gobiernos es muy importante. Es también crítico que quienes dan apoyo externo entiendan la importancia de la participación y la apropiación del proyecto por parte de la comunidad, que sean generosos y con visión de futuro. Los egos a veces juegan en este sentido malas pasadas y dificultan el empoderamiento horizontal.

Los proyectos exitosos entienden la importancia de entrenar y capacitar a la comunidad en donde actúan. Los proyectos exitosos tienen conciencia de la importancia de una relación positiva entre costes y resultados. También hemos de tener claro que cuando se logra participación del sector empresarial su impacto puede ser muy significativo. Para los gobiernos y ONG´s que apoyan los proyectos es muy importante ser conscientes en todo el proceso y en fases posteriores de la fragilidad de los logros que obtienen de los grupos excluidos y pobres y la necesidad de apoyo por periodos considerables. Debe tenerse en cuenta que hay que mirar siempre a largo plazo.

b) Transparencia y apertura:

Es una innovación "open", de la filosofía que conecta con los principios del "open source", del "open talent" "open mind". Significa que todo puede mejorarse de forma abierta, como una "receta de tu abuela" que mejoras y añades valor. Y es abierta porque también permite ir incorporando innovaciones con el devenir y los sucesivos descubrimientos del proyecto que puede ir despejando nuevos caminos. Una práctica muy habitual en la innovación abierta, que al llegar a una meta es más bien un nuevo punto de partida para continuar hacia otra.

¿Qué hace posible ser abierto y transparente? Para contestar esta pregunta vamos a seguir las reflexiones que se han hecho en distintas investigaciones en la Universidad de Stanford [67] ,

1. Ser abierto y transparente añade un nuevo pensamiento a la mezcla de los que ya existen. Hace posible que otra gente pueda plantear algunos temas a los formalmente establecidos y puede generar soluciones nuevas e impensables para el proyecto y para cualquier organización.

2. Ser abierto y transparente hace más horizontal las comunicaciones internas. Abrir todas nuestras reuniones nos puede llevar a la "polinización cruzada", a fructificar asuntos que hacen crecer al proyecto, a través de cada aspecto de nuestra organización, proporcionando una oportunidad permanente para el intercambio de información y recursos, y para desarrollar el potencial de cada uno como líderes de la organización. Esto en los proyectos de innovación social es esencial. A veces nos encontraremos que hay muchas voces que desalientan la participación en este sentido.

3. Ser abierto y transparente fomenta el compromiso de las comunidades . Desde el momento en que abrimos las puertas a nuestras reuniones, la gente camina y encuentra formas significativas para convertirse en una parte activa de nuestro trabajo. Si queremos involucrar a la comunidad, sólo tenemos que abrir las puertas e invitar a la gente a que participe en ellas.

4. Ser abierto y transparente crea una inclusión significativa. Iniciativas de diversidad están destinadas a garantizar que la toma de decisiones de una organización refleje claramente la experiencia de la comunidad a la que sirve. Pero en realidad los formalismos a veces dificultan esta inclusión. La creación de órganos directivos del futuro no tiene que preocuparse tanto de representación de la comunidad, debido a que los miembros de la comunidad se representan a sí mismos, participan directamente a través de los mecanismos establecidos. Decía el Alcalde de Jun, recientemente en la presentación del Master de Innovación Social de la Universidad Internacional de Andalucía que en Jun, Granada (España) no hay un Alcalde , hay 3,700 Alcaldes que son los habitantes que tiene el pueblo puesto que todo el pueblo participa de la red social twitter , como recientemente han estudiado desde el MIT[68] Y si bien esto es de gran alcance en un entorno en línea, como se ha visto en Jun, es aún más potente cuando en el terreno miembros de la

---

[67] Stanford Social Innovation Review ,Hildy Gottlieb, 2015 "Beyond Transparency How "opening up" can help organizations achieve their missions".

[68] The Incredible Jun: A Town that Runs on Social Media , William Powers and Deb Roy. MIT Medialab, 2015 http://medium.com/@socialmachines/the-incredible-jun-a-town-that-runs-on-social-media-49d3d0d4590

comunidad son parte del tejido de la toma de decisiones de una organización basada en la comunidad.

5. Ser abierto y transparente hace la rendición de cuentas y la evaluación de resultados más inclusiva. Los debates los hace más atrevidos, hace relacionar los fines de la organización con los resultados obtenidos. Esta parte es esencial, compartir los resultados y analizarlos abiertamente son la prueba del algodón de la participación.

c) Y.. participa, participa…, pero ¿Para qué?

Las prácticas abiertas y participativas son una desviación de la norma para la mayoría de las organizaciones. Por eso la innovación conlleva cambiar estos valores , aun a riesgo de que las cosas no vayan por donde sea más confortable estar. estos principios nos sacarán de la zona de confort. Tengamos en cuenta que:

1. Ser abierto requiere preparación de las reuniones más conscientes y planificadas. Para participar de manera significativa, las personas necesitan sentirse como bienvenidos (hay que hacer invitaciones personales a la participación, animar a la gente a presentarse, y hay que agradecer la participación de forma constante), preparados, y verdaderamente incluidos. Las formas a veces son el fondo.

Para trabajar la preparación de las Discusiones en la participación, hay que fomentar la transparencia de la siguiente forma: Para que cualquiera pueda contribuir de manera significativa, que necesitan información y contexto. Se puede crear por ejemplo blogs y vídeos que introducen cada tema del programa, y el marco de ambos temas centrados en la comunidad y los problemas internos para mantener la conversación en la estratégica a nivel operativo, mediante una agenda clara que permita despachar rápidamente los elementos superficiales y entrar en el tema importante con tiempo. Y seguro que así se puede reducir la tendencia casi secular a tratar temas de microgestión.

La Inclusión significativa pone de manifiesto que los sistemas de creación y de innovación que tengan en cuenta todas las voces son fundamentales para la inclusión significativa. Sin embargo hemos de asegurarnos de que en realidad la participación de miembros de la comunidad se traduce en la toma de decisiones.

2. Ser abierto requiere que repensemos cómo valoramos el tiempo. tenemos muchas veces la impresión de que muchas reuniones son una pérdida de tiempo. Las reuniones que valen la pena lson aquellas que logran lo que un grupo no habría logrado si no se reúnen, aquellas que entran en conversaciones estratégicas, generadoras de cambios, en aquellas que cualquier miembro de la comunidad puede participar.

Estas conversaciones llevan tiempo, y cuanta más gente incluimos en la conversación, más tiempo se pueden tomar. Cuando la gente se involucra profundamente en el uso eficaz del tiempo, preparan las reuniones antes, y aportan en función de lo que saben y conocen; esto acelera y enriquece los resultados.

3. Ser abierto y transparente cambia todo acerca de nuestra organización y de nuestro proyecto. También puede existir una "Política de la Sesión Cerrada", que se declara que nuestro modo de funcionamiento estará abierto a menos que exista una razón de peso para que pueda ser cerrada.
Si esto no se hace bien y no se estipula de forma transparente la gente puede sentirse vulnerable.

d) Genuina y auténtica

Que tenga una buena dosis de honestidad. Es decir que no "venda humo". Es muy frecuente que en estos ámbitos de los proyectos ligados a la red aparezcan iniciativas que aparentemente son consistentes, pero que luego son inabordables o inviables. Son una buena idea, pero no se transforman en proyecto. Son fácilmente visibles para cualquier persona con experiencia en la innovación. Dejaremos para otro capítulo los indicadores que emanan de este tipo de propuestas para distinguirlas de las genuinas. La triada pensar-decir-hacer de forma coherente (pensar lo mismo que cuentas y hacer lo que piensas y dices que vas a hacer) está en la base de esta característica.

También es importante la valoración del consumidor y/o del usuario o su percepción de autenticidad ante un producto o un servicio. Parece además claro que los consumidores valoran más los productos que ellos perciben como más auténticos en lugar de producción en masa.

Una nueva investigación por Stanford Graduate School of Business con el profesor Glenn Carroll [69] así lo demuestra. "En las economías avanzadas de consumo, los consumidores están comprando sobre la base de su interpretación del producto y de su historia", dice. Así explica el fenómeno de las microcervecerías que comenzaron a proliferar; éstas fueron vistas como más auténtica por los consumidores porque las perciben como que estaban restableciendo la tradición y creaban así comunidad.

Cuenta Glen Carroll que Molson Coors en Estados Unidos intentó aprovechar ese espíritu de la época, la comercialización de una nueva línea de cervezas bajo el nombre de Blue Moon Brewing Company. La línea Blue Moon fue un éxito entre los consumidores de vanguardia - hasta que se dieron cuenta de que se estaba produciendo en realidad por una de las compañías más grandes de cerveza en el mundo. "Sucede una y otra vez", dice Carroll. "Los clientes descubren

---

[69] "Authenticity and consumer value ratings: Empirical tests from the restaurant domain"By Balázs Kovács, Glenn R. Carroll, David W. Lehman
Organization Science. Stanford Business, 2014 https://www.gsb.stanford.edu/faculty-research/publications/authenticity-consumer-value-ratings-empirical-tests-restaurant-domain

que un producto es hecho por una gran corporación, y luego siguen viendo el producto como auténtico."

La lección para las empresas, dice Carroll, es que la autenticidad tiene un valor real para los consumidores. "Este no es nuestro estudio que determina lo que es auténtico -. Aquí tenemos evidencia sistemática de la autenticidad y hemos encontrado que si un producto, servicio o empresa es considerada como auténtica, que dará lugar a las calificaciones más altas", dice.

El llamado **"postureo"** , un fenómeno de nuestro tiempo también ha irrumpido en esta era. El término postureo es un neologismo acuñado recientemente y usado especialmente en el contexto de la redes sociales. Tiene que ver con la perdida del carácter de lo genuino, de lo autentico y por eso tiene un carácter negativo. Expresa formas de comportamiento y de pose (de postura) , más por imagen o por las apariencias que por una verdadera motivación. Es frecuente verlo con la aparición de las nuevas tendencias de redes sociales basadas en la imagen como instagram o Pinterest. Se trata de exhibir una postura en pú-

> El postureo es un fenómeno de nuestro tiempo relacionado con el uso de las redes sociales y frecuentemente se utiliza para expresar negativamente la actitud ante una imagen o falta de autenticidad

blico , ante cuantas más personas mejor. Aunque aún no está recogido en los diccionarios oficiales parece que esta palabra viene del inglés "poser" , que expresa hacer posturas.

e) *Colaborativa*: Una innovación que al ser abierta permite la colaboración entre los distintos talentos. Trabajar sobree esta idea parte de algo muy importante. El ser humano es mucho más cuando trabaja colaborativamente , juntos, que cuando lo hace de forma individual. Es el valor contrario a la competencia tal y como la conocemos. La competencia tiene una parte que es deseable en cuanto que puede hacer que cada parte aporte la parte más valiosa y más eficaz, pero la colaboración añade valor al conjunto, centrándose en cómo las partes trabajan juntas.

Allen Gunn[70] describe el problema como este:

"La era de Internet ha dado paso a una nueva y amplia panorámica de las herramientas de colaboración y oportunidades de interacción en el ámbito virtual. Pero eventos en vivo "fuera de línea", tales como conferencias, dado su potencial único para la conexión entre las mentes y catalizar las relaciones, se han mantenido en una esfera de no colaboración, empleando formatos dicotómicos, muy directivos, unidireccionales, como los "discursos", presentaciones en Power Point y paneles para dejar uno o varios portavoces relacionarse a través de una gran distancia que hace que se mantenga el público en silencio y en gran medida pasivos". Eso, a mi juicio, hay que romperlo para la innovación social. Su comunicación tienen que ser participativa.

---

[70] Allen Gunn "La creación de eventos participativos" Publicado en su web "Aspiración" https://aspirationtech.org/papers/creating_participatory_events

Los eventos participativos son reuniones donde los participantes dan forma a la agenda antes y durante el evento, en lugar de leer a los asistentes un horario fijo de antemano y luego arrastrando los pies entre las sesiones que se han planificado semanas o meses de antelación. El enfoque en este tipo de eventos se coloca en el llamado intercambio de conocimiento entre pares y la construcción de una red de innovación autentica , sustituyéndola en lugar de gran escucha del grupo.

Estos eventos participativos y colaborativos,no son una alternativa más fácil o más barata que las reuniones y conferencias estándar. De hecho, son más difíciles y requieren completamente diferente músculo, capacidad y preparación . También los eventos participativos y colaborativos requieren vulnerabilidad. Participar plenamente en un

> *Debemos repensar nuestras tácticas, desarrollar mejores herramientas para la interacción, y reunir el valor para evolucionar más allá de la competencia para entender el éxito individual como resultado del éxito colectivo. Llega la llamada inteligencia colaborativa.*

evento colaborativo requiere que aquellos con estatus de riesgo de su posición social mediante la participación en la conversación de igual a igual. También requiere un facilitador experimentado.

Siguiendo el trabajo muy interesante de Steve Wright[71], un directivo del Silicon Valley y experto en innovación social las cuatro etapas de este desarrollo colaborativo serían:

Etapa 1: Compromiso

En la primera etapa de cualquier esfuerzo de colaboración lo ideal es crear un contexto para la adhesión. Yo diría de generación de confianza. Cualquiera de los participantes o los convocantes pueden establecer esto, y cada miembro debe comprometerse con la colaboración para unirse. Las personas u organizaciones individuales asocian su nombre con los colectivos, con esta empresa colectiva. Hacer una declaración pública de una organización o de personas que se adhieren a una casa genera adhesión y adherencia a las medidas que se tomen. Esta declaración pública pone esencialmente la reputación de una organización como garantía para el compromiso.

Etapa 2: Asociación

Dar y tomar es la base. Queda definida la asociación como una etapa donde cada parte da algo de valor y le quita valor a algo. Contratos formales y la confianza construidas con el tiempo permiten que esta etapa esté basada en el mercado de la colaboración. Para financiar prometedoras empresas sociales, por ejemplo, los inversores de impacto deben estructurar inversiones complejas en una suma de capitales de una amplia gama de proveedores de fondos, incluidas las garantías de préstamos patrocinados por el gobierno, la inversión de capital en condiciones favorables y la concesión de dinero de fundaciones.

El inversionista impacto puede vender que su asociación tiene éxito como una vía para mejorar el cálculo de retorno de riesgo para todos, cada socio recibirá más de lo que quieren, gracias a la dinámica de la sociedad en su conjunto.

Etapa 3: Vulnerabilidad

Todos los colaboradores deben ser vulnerables con la confianza que vayan desarrollando entre ellos. En su charla, "El poder de la vulnerabilidad", Brene Brown dice, "La vulnerabilidad es el núcleo de la vergüenza y el miedo y la lucha por la dignidad, pero también es el lugar de nacimiento de la alegría, de la creatividad, de pertenencia, de amor."

---

[71] Steve Wrigth : "Las tácticas de la colaboración" Stanford Social Innovation Review, Noviembre , 2014. http://ssir.org/articles/entry/the_tactics_of_collaboration

Debemos dejar de lado el mito que establece "mi" éxito como un precursor de "nuestro" éxito. La vulnerabilidad requiere que nos desprendamos de control. Muchas veces esto genera mucha incertidumbree , pero la colaboración acaba siendo más fuerte y los cambios gozan de mayor fuerza y autenticidad , y se mantendrán en el tiempo. Ninguno de nosotros puede resolver los problemas a que nos enfrentamos de una manera individual, pero pocos de nosotros estamos integrando esta realidad en nuestro trabajo.

Etapa 4: Aparición

La aparición ocurre cuando las partes independientes y no ordenadas se unen para formar un patrón o un conjunto identificable. Esta es la etapa más alta y más visible de la colaboración. Soluciones a problemas extremadamente complejos como la pobreza o el cambio climático pueden surgir de muchos grupos que trabajan juntos para crear un impacto colectivo marco que no prescribe salidas explícitas o hitos, sino que se centra en el aumento de la probabilidad de que una solución imprevista emergerá. Nuestros problemas son más grandes que cualquiera de nosotros. Escuchamos a nuestros amigos y colegas quejarse permanentemente del mal estado del mundo. Nos trasladan su agotamiento y frustración, pero también podemos ver claramente el aislamiento. Debemos ir más allá de trivialidad y poner en práctica la colaboración. Debemos repensar nuestras tácticas, desarrollar mejores herramientas para la interacción, y reunir el valor para evolucionar más allá de la competencia para entender el éxito individual como resultado del éxito colectivo. Llega la llamada inteligencia colaborativa.

Esta colaboración también ha de ser **"Boom up"**, de abajo a arriba. Las opiniones y los puntos de vista , los proyectos de innovación social han de nacer de las necesidades de las gentes y han de ser protagonizados por ellas.

El diseño bottom-up se caracteriza porque las partes individuales se diseñan con detalle y luego se enlazan para formar componentes más grandes, que a su vez se enlazan hasta que se forma el sistema completo. Las estrategias basadas en el flujo de información "bottom-up" se antojan potencialmente necesarias y suficientes porque se basan en el conocimiento de todas las variables y de todas las partes que pueden afectar los elementos del proyecto, del problema o del propio sistema.

Por el contrario la estrategia Top-don es justamente la contraria. Es la que muchas veces los gobiernos y la administración poen en marcha con los innovadores para o bien incrementar el controll o para tener una actitud paternalista alejada de los parámetros que favorecen la innovación.

f) *Empática:* Establece una conexión "emocional" entre los miembros que colaboran en los proyectos, teniendo en cuenta sus necesidades y metas.

> 'La Empatía inspira a la gente, es una combinación única de aprendizaje, narración de cuentos, y una llamada seria a la acción.' Brene Brown, autor en The New York Times del bestseller "Daring Greatly".

Alguien ha llegado a decir que la empatía es el arma secreta de los emprendedores.

Roman Krznaric[72] en su "Empatía", habla de las 5 reglas que hay que tener en cuenta para ponerse en lugar del otro y entender bien como son sus necesidades

---

[72] Roman Krznaric "Empatía" http://www.romankrznaric.com/

y sus potencialidades. Nosotros vamos a seguirlas porque son útiles para potenciar la innovación social :

1. Practicar la escucha activa y "empática".

Para lograrlo debemos centrarnos en escuchar los sentimientos y necesidades de los demás sin interrupciones y en pedir activamente que nos hablen de ellas si no lo hacen. hemos de hacerle ver a las personas que nos lo están contando que lo hemos entendido dándoles feedback.

2. Sentir curiosidad por los desconocidos, comunicándonos con ellos.

El autor sugiere intentar mantener una conversación con un extraño al menos una vez por semana (las personas que se ocupan de la limpieza en nuestro trabajo, que nos atienden en los comercios,...).

Estos diálogos nos pueden servir para cuestionar nuestros prejuicios y creencias sobre las personas e ir más allá de nuestros juicios basados en las apariencias y nos puede permitir hasta llegar a hacer nuevos amigos.

3. Buscar experiencias nuevas de carácter "empático".

Intentar vivir situaciones que nos hagan comprender la realidad de los demás, por ejemplo colaborando con distintas organizaciones humanitarias. Krznaric recuerda que en los años veinte del siglo pasado el escritor George Orwell, que procedía de una familia privilegiada, se disfrazó de mendigo y vivió un tiempo en las calles de Londres junto a los vagabundos, desempleados y personas sin hogar. Estar con los problemas de forma directa. De este teman conocen muy bien el cómo hacerlo la plataforma antidesahucios en España.

4. Convertirnos en revolucionarios, disruptivos sociales.

La empatía no es algo que sólo se produce entre individuos. Puede florecer en mayor escala y empezar a cambiar los contornos de la sociedad en su conjunto, creando una revolución en las relaciones humanas.

La mayoría de las personas que han tomado parte en las últimas movilizaciones sociales en todo el mundo, como por ejemplo la "primavera árabe" o los "indignados" están motivadas por la empatía hacia aquellos cuyas vidas se han visto destrozadas por la crisis financiera o por la represión política.

Una forma eficaz de aumentar nuestra empatía consiste en unirnos a otras personas para actuar en cuestiones sociales relacionadas con la empatía que nos importen (defender el medio ambiente, luchar contra la pobreza infantil,....).

También podemos promover un mundo con más empatía participando en actividades comunitarias que sirven para derribar las barreras entre las personas: formar parte de un grupo de teatro, de un equipo de fútbol local , etc.

5. Viajar "desde el salón de la casa".

Si las propuestas anteriores parecen un poco complicadas podemos leer libros o ver películas que nos transporten a mundos y a vidas totalmente distintas de las nuestras.

El autor pone como ejemplos la película "La ciudad de Dios" que revela la violenta vida de dos niños creciendo en las chabolas de rio de Janeiro o la novela "Matar a un ruiseñor", en la que destaca la frase: "Nunca podremos comprender verdaderamente a una persona hasta que nos consideremos las cosas desde su punto de vista, hasta que no nos metamos en su piel y caminemos dentro de ella".

g) Integral: Que no sea parcelada, sino que más bien tenga una visión integral del proyecto desde todos los puntos de vista: viabilidad y sustentabilidad económica, un temporalidad concreta y por etapas, que engarce con distintas posibilidades y de oportunidades.

Es cuestión de valores: "Hay un montón de malas razones para iniciar una empresa. Pero sólo hay una buena, razón legítima, y creo que usted sabe lo que es: es para cambiar el mundo. " Phil Libin, CEO de Evernote.

Capítulo 9

El cómo hacer la Innovación Social

Los procesos : La clave del cómo hacerlo

El desarrollo del proceso metodológico de innovación social , teniendo en cuenta los principios y las características anteriores podemos simplificarlo en el esquema siguiente, que refleja claramente los procesos de innovación social

Esquema de los procesos de Innovación Social

Fig. 10 . Representación gráfica del esquema de los procesos de innovación social

que de forma orgánica han de darse:

> **9.1.-** *Creación de un ecosistema de innovación local/digital* que salga del propio territorio. Un ecosistema que conlleve la creación de un contexto favorable, con apoyo tecnológico, conectividad y con espacios de innovación para compartir conocimiento en la red. Los *"Living Lab"* o los nuevos Telecentros concebidos como *"espacios de innovación social"* pueden ser un buen exponente.
>
> **9.2.-** *Liderazgo distribuido/empoderamiento ciudadano y gestión del talento:*

Es necesario iniciar un proceso de identificación de liderazgos, de personas. Encontrar a los creadores, catalizadores, conectores, a los lideres en "algo" que conecten con las oportunidades.

La relación con el usuario cambia sustancialmente: Se trata de motivarlo, enseñarle a que descubra sus potencialidades para realizar su proyecto, que pase en Internet del modo *"solo-lectura"* (usuario pasivo) a *"lectura-escritura"* (usuario activo), a poder modificar los contenidos (agregar, editar, borrar y clasificar) y/o cambiar el modo en que se visualizan.

Cualquier usuario puede convertirse en: 1) periodista, 2) escritor, 3) crítico, 4) experto, 5) realizador, 6) DJ, 7) diseñador...El usuario/a ha de ser dueño de su propio proyecto.

9.3.- Alianzas y recursos:

Se trata de poner en marcha un modelo de colaboración público-privado de alianzas, de recursos disponibles y de financiación en relación con el proyecto y su naturaleza, donde se reflejen los compromisos concretos a desarrollar. Esto es algo imprescindible en el proceso de innovación social. La implicación de financiadores (a través de los distintos modelos de financiación ya explicitados en el apartado 4) las empresas, de la sociedad civil (tejido social) y de los poderes públicos como facilitadores del proceso es clave.

9.4.- Creación de comunidad:

La necesidad de pertenencia e identificación con una comunidad de intereses y motivaciones se hace absolutamente imprescindible. La creación de las comunidades mal llamadas "online" o "digitales" favorece la "glocalización" y la colaboración con las oportunidades. La llamada actitud 2.0 (muy relacionada con los principios de la innovación social que hemos referenciado en el capítulo 4) ha de estar muy presente en este proceso. En el capítulo 13 hablamos más extensamente.

9.5.- Comunicación

Una estrategia de Socialmedia se presenta como indispensable en el proceso, pero no para hacer marketing directo, sino para ir construyendo en producto/servicio en base al diálogo (sobre todo a la escucha) del cliente o potencial usuario del proyecto. **El socialmedia es estratégico** para cualquier proyecto innovador o startup.

Es necesario crear una estrategia de medios de comunicación social y con objetivos específicos que se puedan medir, que sean posibles llevarlos a cabo y realistas. También es necesario estar al tanto de la evolución de

las plataformas y herramientas de medios sociales y elegir los adecuados para la estrategia de su organización.
Es necesario en este sentido tener en cuenta:

- **Pensar en profundidad la estrategia y hacer presentaciones a las que se puedan recurrir:** Averigüe siempre qué hay de nuevo de las principales plataformas. Facebook, Twitter, LinkedIn y otras plataformas evolucionan sus nuevas herramientas y hay que estar atenta. Existen muchos ejemplos de proyectos de innovación social que utilizan con maestria las redes sociales.
- **Multi-plataforma de integración:** Es necesario pensar en campañas y programas de medios sociales exitosas están integrando plataformas y herramientas. Es necesario fijar metas sociales de los medios, los programas implementados y los resultados medidos y explorar cómo la organización puede beneficiarse de sus experiencias.
- **El uso del vídeo:** Es importantísimo. El video es y será en los próximos años un contenido clave en la estrategia de socialmedia. El 90% del tráfico en Internet lo ocupan los videos. Hay una tendencia progresiva a su uso masivo. Las plataformas sociales como Twitter y Facebook lo saben y encaminan todos sus esfuerzos hacia este sector. Así es que debemos estudiar cómo incluir vídeo de corta duración en sus esfuerzos de medios sociales.
- **Caracterizar a los clientes:** Hay que hacer un perfil de publico objetivo, con edad, ingresos, si tienen hijos, donde viven, qué les gusta, que les motiva... es algo esencial para saber dónde dirigimos nuestros esfuerzos.
- **Haciendo a nuestros visitantes y followers en prescriptores de nuestra marca:** Utilice comentarios en línea para mostrar su impacto. Descubra cómo las organizaciones sociales pueden aprovechar el rápido crecimiento en las revisiones y el contenido generado por el usuario. Los usuarios se convierten en los principales prescriptores de las marcas a través de la participación en las redes sociales.
- **Medir, medir y medir:** Cualquier acción debe estar soportada por una buena estrategia de medida y de utilización de las herramientas adecuadas para ello. Desde la ya clásica Google Analitics, Twitter Analitics o Facebook Estadísticas. Todas las redes sociales incorporan su instrumento de medida. Aquí queda mencionar la herramienta *SocialBro* la herramienta de medida más eficaz para Twitter.
- **Redes:** Y la obsesión es crear redes, es ampliar nuestras redes. La conversación es importante. La empatía y el sentimiento es un fuerte potenciador de la afinidad, pero también puede ser un ahuyentador de seguidores. Pero la conversación abierta siempre aporta más que resta a su estrategia. Destruya sus miedos.

- **Hacer una estrategia divertida:** La gamificación triunfa en las redes sociales. No hay que hacer una estrategia de comunicación aburrida. Hay que poner foco en lo que les gusta a sus redes.
- **Inspirar a su equipo:** Es importante la comunicación directa. A veces pensamos en las redes sociales y es mucho más importante cuidar la comunicación con la gente cercana. La comunicación directa con los profesionales y empleados de la organización mezclada con la estrategia de redes es una poderosa combinación.
- **La planificación de contenidos: El combustible de la marca.** Habréis oído alguna vez aquello de que "el contenido es el rey". Yo diría que también es la reina. Es necesario crear el vehículo para ello: **Crear una web, un blog en el que se da la opinión de la marca (en Blogger o en WordPress) , un canal de YouTube y/o Vimeo, y los perfiles en las redes : Google +, Facebook, Twitter, Instagram, Periscope, Vine, Pinterest...**
- **Cuidar los contenidos:** Es necesario poner a profesionales en esta estrategia . Cuidar la redacción, la locución, la imagen , y hacerlo con una temporización fija y con distintos horarios de publicación según el público objetivo. Convertirnos en unos "curator" de los contenidos en los que estamos especialzados debe ser un objetivo a conseguir en varios meses.

9.6.- Sostenibilidad y financiación de los proyectos de innovación social: Se trata de que los procesos contemplen la adecuada financiación de todos los procesos, servicios o productos. Parece cada vez más claro que la sostenibilidad tiene un impacto positivo en la innovación de la empresa, ya que la obliga a hacerse preguntas diferentes, a desarrollar soluciones alternativas, a gestionar diferentes conexiones y recursos, y a cambiar la manera de pensar de los directivos, y por tanto la propia cultura de la empresa, repensando continuamente su funcionamiento para hacerla viable. Según esta visión, la sostenibilidad ha dejado de ser un tema meramente de gestión de reputación e imagen, para convertirse en un elemento central de la competitividad. Lo que antes parecía no tener importancia se ha vuelto trascendental. Lo que parece coincidir todos los investigadores es que no se considera en cambio, a la hora de la practica, como algo esencial en la estrategia de innovación.
Está claro que si algo ha cambiado estos años es la forma de acceder a la financiación de los proyectos.

Una de las formas de financiación más popular y la más utilizada son las llamadas **3Fs o FFF**, que no es más que el acrónimo de *family, friends and fools*. Esta forma de financiación se basa en sea *el emprendedor el que recurra a sus conocidos, amigos y familiares más cercanos* para que financien su proyecto, y generalmente se utiliza en las fases más tempranas del mismo.

Las 3F`s son la forma más fácil y barata de acceder a capital ajeno para nuestra aún incipiente startup. Como toda forma de financiación tiene sus ventajas e inconvenientes. Por un lado, es **más fácil y más rápido obtener dinero directo** de nuestros familiares y amigos si les convencemos que tenemos un proyecto viable. Para muchos inversores que llegan después al proyecto (Business Angels, por ejemplo) es esencial que se haya conseguido en el entorno más próximo una inversión, aunque sea pequeña. Si la familia no cree en ti, como pretendes que un inversor apueste por ti... Además también permite más flexibilidad al emprendedor desde el momento en el que los acreedores (aquellos que han puesto el dinero) no suelen imponer intereses derivados de la deuda que el emprendedor ha contraído con ellos, la deuda **no suele llevar aparejada una contrapartida en forma de aval**, garantía o compensación y los plazos para la devolución del capital suelen ser más largos.

Los inversionistas "ángeles" y los fondos de capital emprendedor son agentes suministradores de financiación externa en los que se observan notables diferencias. Principalmente difieren por la etapa en la que invierten ya que los inversionistas "ángeles" son una fuente de financiación que, por lo general, precede a la entrada de un fondo de capital emprendedor en la empresa. No obstante, en la actualidad, al menos en Europa, los inversionistas privados tienden a invertir cada vez más con fondos de capital semilla (early stage funds) en un esfuerzo de incrementar su impacto en las empresas en etapas iniciales. Otras diferencias vienen dadas por el origen de los fondos gestionados, el enfoque de aproximación al proceso de inversión y su involucración en la empresa.

Las redes de **Business Angels** (BA) se han extendido por todos los contornos. Han aparecido redes de alumnos de MBA, redes de inversores que han salido de sectores más volátiles y especulativos.

La Asociación Española de Business Angels (AEBAN) agrupa a un total de 34 BA que invierten en proyectos de innovación cada uno con sus características, pero que es muy útil para buscar inversión para tu proyecto. Son los siguientes:

- AD Ventures
- Alantis Seed Capital
- Asociacion Andalucía BAN, AABAN
- Asociación de antiguos alumnos de ESADE, ESADE BAN
- Asociación Extremadura Business Angels
- Asociación SeedRocket Angels
- BCN Business Angels
- Business Angels Crecer+
- Business Angels Network Catalunya, BANC
- Business Angels Network madri+d (BAN madri+d)
- Big Ban angels
- Cabiedes & Partners SCR

- Col·legi d' Economistes de Catalunya
- Cube Jelly Investment
- Digital Assets Deployment
- El Club del Emprendimiento
- Finanziapyme
- Fluidra Accelera
- Fundación Incyde
- Gin Venture Capital
- IESE Business School
- Innovación y Conocimiento para el Desarrollo Sostenible, S.L., InnoBAN
- Instituto de Negociacion e Intermediacion Financiera
- ITNET Consulting Business (Grupo First Tuesday)
- Keiretsu Forum España
- Malaga Business Angels
- M2M Marketplace
- Red de Business Angels de Castilla-La Mancha, GOBAN
- Red CEEI CV Comunidad Valenciana
- Seed & Click Angel Network
- Sitka Capital
- Sociedad Canaria de Fomento Económico S.A.– PROEXCA
- The Crowd Angel
- Wayra Investigación y Desarrollo.

Aquí puedes encontrar el mapa de Business Angels en España distribuido por territorios. http://www.aeban.es/socios/mapa-de-redes

Otro caso es America Latina. El conjunto de las redes de inversionistas en América Latina y el Caribe comparten características con las redes en Estados Unidos y en Europa, pero también presentan algunos elementos diferenciales. La heterogeneidad de los modelos de red actualmente en funcionamiento en la región indica una mayor similitud con la realidad europea, en particular por las diferentes formas de operar y la menor madurez del fenómeno en comparación con la realidad estadounidense donde el papel de la inversión "ángel" y las redes es clave y se encuentra más consolidado.

Redes como Gavea Angels, la red de antiguos alumnos del IAE (Argentina), o Angel Ventures (México) nacen de la cercanía de sus promotores con fenómeno emprendedor y "ángel" en Estados Unidos. INCAPITAL (Perú) es un claro ejemplo de red creada a partir de la iniciativa de los propios inversionistas con el propósito de convertirse en inversionistas "ángeles". Southern Angels (Chile) por su parte tuvo su origen en el seno de la Universidad Adolfo Ibáñez y posteriormente fue "externalizada" y liderada por un inversionista con experiencia. La mayoría de las redes han sido promovidas por instituciones del ecosistema emprendedor como, por ejemplo, la Fundación Bavaria (Colombia), la Fundación Emprende (México) o la Fundación Chile (Chile). Por otra parte además, estas instituciones asumen la gestión o siguen involucradas en menor grado en la gestión. 19. Entre las redes promovidas por distintas instituciones activas en emprendimiento se cuentan aquellas financiadas a través de proyectos promovidos por FOMIN, como lo son la Red CAPITALIA (a través del proyecto CREAME en Colombia), el Venture Club (a través del Parque Tecnológico de la Ciudad del Saber) o la Red de Inversionistas Ángeles de Uruguay (a través del proyecto liderado por el Fondo Emprender). Además, redes como LINK Inversiones en Costa Rica y ENLACES en República Dominicana ha contado con el apoyo directo de FOMIN para su proceso de creación. El origen y la institución matriz de las redes suponen una serie de ventajas y desventajas que deben ser tenidas en cuenta. Por ejemplo, las redes fundadas por "ángeles" o promotores conocedores de la inversión tienen mayor facilidad para comprender y poner en marcha la operativa adecuada. Sin embargo, los clubes, en particular, presentan más dificultades para alcanzar la masa crítica de inversionistas que les permita cubrir los costes asociados al apoyo a la preparación de proyectos y a la propia gestión del grupo. Las redes enclavadas en instituciones de emprendimiento suelen disponer de estructuras de mayor tamaño que permiten ofrecer servicios de apoyo a emprendedores. Estas redes abiertas tienen una constante entrada y salida de inversionistas del grupo, facilitando así la salida de aquellos sin experiencia que pierden interés y, a la vez, la entrada de nuevos afiliados que acceden con mayor motivación. Sin embargo, suelen enfrentarse a la dificultad de acercarse a colectivos de inversionistas potenciales, ya que su público natural en el resto de sus actividades son emprendedores u otros colectivos, no inversionistas.

Tras los Business Angels , el proceso metodológico de búsqueda de la inversión pasa por la búsqueda de una inversión a través de las llamadas de **Capital Riesgo o de Venture Capital.**

El **capital riesgo** o **capital emprendedor** (como es conocido en Hispanoamérica; en inglés: **venture capital (VC)**) es un tipo de operación financiera a través de la cual se facilita con capital financiero a empresas *start up* con elevado potencial y riesgo en fase de crecimiento.

Los fondos de capital riesgo obtienen provecho de este tipo de operaciones al convertirse en propietarios del activo de las compañías en las que invierten, siendo estas normalmente empresas que disponen de una nueva tecnología o de un novedoso modelo de negocio dentro de un sector tecnológico, como la biotecnología, TIC,software, etc.

Ejemplo de este tipo de inversión ha sido sobre la compañía de Twitter, por parte de entidades de capital riesgo. El objetivo es que con la ayuda del capital de riesgo, la empresa aumente su valor y una vez madurada la inversión, el capitalista se retire obteniendo un beneficio.

El inversor de riesgo busca tomar participación en empresas que pertenezcan a sectores dinámicos de la economía, de los que se espera que tengan un crecimiento superior a la media. Una vez que el valor de la empresa se ha incrementado lo suficiente, los fondos de riesgo se retiran del negocio consolidando su rentabilidad. Las principales estrategias de salida que se plantean para una inversión de este tipo son:

- Venta a un inversor estratégico.
- IPO (Oferta pública inicial) de las acciones de la compañía.

- Recompra de acciones por parte de la empresa.
- La venta a otra entidad de capital riesgo.

El crowdfunding es un tipo de **financiación colectiva** que permite a cualquier persona presentar su proyecto con el fin de obtener los recursos necesarios para llevarlo a cabo utilizando la red internet para expandir sus objetivos y proyectos reclamando yuda en las distintas redes sociales. Las plataformas en las que se exhiben las iniciativas otorgan a los creadores un tiempo limitado para recaudar el dinero necesario. Todo individuo que lo desee puede aportar capital a los proyectos y, en el caso del crowdfunding **de recompensa**, recibirá un producto o servicio especial por haber apoyado la iniciativa (solo en el caso de que esta consiga todo los recursos necesarios).

Según la web del Impact Hub de Madrid **"El Referente"** el crowdfunding **de donación** es utilizado principalmente por organizaciones sin ánimo de lucro. En este caso, los donantes no reciben recompensa a cambio de su aportación. Se trata de un acto voluntario y con fines solidarios. Dentro de esta categoría ha identificado 53 plataformas que pasamos a referenciar por la posible utilidad que puede tener el lector para financiar su proyecto de innovación y/o emprendimiento:

Betternow es una plataforma de crowdfunding solidario e integración de deporte que ofrece un servicio integral a Organizaciones No Lucrativas mediante campañas de marketing online y la integración en eventos deportivos. **Jesper Juul Andersen** y **Martin Bjergegaard** iniciaron el proyecto en Dinamarca en el año 2011.

Fromlab es una plataforma digital que permite a creadores de productos físicos e inventos conseguir financiación para hacer realidad sus proyectos. Los creadores deben comprobar que el proyecto es viable y calcular sus costes. A partir de ahí, **Fromlab** estudia cada propuesta y, si es aceptada, los usuarios tienen 40 días para financiar la idea.

Funded by me es una plataforma de crowdfunding con sede en Estocolmo creada en marzo de 2011. Aborda la necesidad de una iniciativa fácil de usar tanto para emprendedores europeos como para inversores. El proyecto busca fomentar la creación de empleo y el crecimiento económico.

GetYourCause es una plataforma construida dentro del modelo del crowdfunding. Fue lanzada en 2013 y aspira a conseguir millones de contribuciones. Su objetivo principal es ayudar a personas a conseguir sus sueños. Cualquier persona puede crear su causa y conseguir aportaciones para ella; se acepta cualquier causa, cualquier motivo, desde bodas o viajes hasta mascotas o música.

Goteo es una red social de financiación colectiva (aportaciones monetarias) y colaboración distribuida (servicios, infraestructuras, microtareas y otros recursos). Desde ella se impulsa el desarrollo autónomo de iniciativas creativas e innovadoras, cuyos fines sean de carácter social, cultural, científico, educativo, periodístico, tecnológico o ecológico, y que generen nuevas oportunidades para la mejora constante de la sociedad y el enriquecimiento de los bienes y recursos comunes.

IDEAME es un espacio en el que diferentes creadores presentan ideas que necesitan financiación en América Latina. Los colaboradores descubren, financian y ayudan a compartir los proyectos para generar impacto social, educativo y económico.

Indiegogo es una plataforma que busca unir fuerzas para que las ideas se hagan realidad a través del crowdfunding. Desde 2008 millones de colaboradores han ayudado a cientos de miles de músicos, benefactores, fotógrafos...

Lánzanos es la primera plataforma de crowdfunding que nació en España en diciembre de 2010. Sus fundadores, **Gregorio López-Triviño, Ignacio Arriaga, Rafael Cabanillas y Carlos Hervás** conciben el proyecto como una iniciativa abierta que no deja fuera ninguna categoría. Proyectos culturales, medioambientales, solidarios, emprendedores, tecnológicos, de software, deportivos... Todos son acogidos y lanzados por la web.

Lift up es una plataforma online sirve de unión entre empresarios e inversores. De una forma muy sencilla, buscan financiación para empresas con cualquier tipo de necesidad de capital. Unen a proyectos empresariales con necesidad de capital, con inversores en busca de oportunidades de inversión. **Lift Up** es una herramienta para que los empresarios y emprendedores puedan expresar sus necesidades de capital. También ayudan a buscar financiación a otro tipo de proyectos con necesidad de capital y un posible impacto social, como son grupos de música, producciones de películas, festivales etc.

Microdonaciones.net es una plataforma de financiación colectiva (crowdfunding), lanzada en octubre de 2012 por la Fundación Hazloposible en Madrid. Juan Antonio Méndez Sánchez dirige el proyecto, que se focaliza en canalizar donaciones a proyectos solidarios a través de pequeñas aportaciones. Publican iniciativas promovidas por ONGs españolas; no ingresan dinero por intermediación y hacen efectivas las donaciones que logran el 100% de la financiación. Están centrados en cinco categorías: educación, infancia, exclusión social, medio ambiente y salud.

Microinversores conecta a emprendedores que buscan financiación y a inversores que buscan proyectos invertibles. Este proyecto dirigido a emprendedores, empresas y startups que desean desarrollar una idea o proyecto con un componente innovador importante se fundó en 2012 por dos jóvenes malagueños.

migranodearena.org es una plataforma de crowdfunding solidario pionera en España que tienen como objetivo recaudar fondos a favor de las ONGs. Se trata de una herramienta online, gratuita, accesible y fácil de usar. Una persona toma la iniciativa de ayudar y crea un reto solidario a favor de una ONG, se marca un objetivo de recaudación y lo comparte con todos sus familiares, amigos y conocidos.

migranodearena.org ha sido creada por la Fundación Real dreams, que tiene como misión conseguir recursos económicos, de tiempo y de producto para ayudar a las ONG.

Mymajorcompany es una plataforma de financiación participativa de recompensas de enfocada en el mundo cultural en general y en el de la música en particular. Fundada en España en el año 2012 y dirigida por Maxime Dodinet, esta plataforma de crowdfunding ha logrado financiar un total de 146 proyectos culturales y ha obtenido una financiación total superior a los 900.000 euros.

Namlebee es una plataforma de crowdfunding fundada en Madrid en 2013 por **Sergio Pérez y Sandra Barrilaro**, especializada en proyectos políticos y sociales para personas inconformistas.

La palabra **Potlatch** designaba en algunas sociedades de la antigüedad un sistema de intercambio basado en la solidaridad y el trueque. La plataforma de crowdfunding retoma este concepto adaptándolo a la actualidad para unir a creadores y mecenas. Es un espacio pensado para todo el que tenga inquietudes, ya sea proponiendo o apoyando proyectos de interés cultural, científico, tecnológico, social... y que a través de su realización beneficie a un gran número de gente.

Safari Crowdfunding es una plataforma de financiación colectiva dirigida a cubrir las necesidades de financiación de startups, micro PYMES y PYMES en sus fases de puesta en marcha. El proyecto unifica dos conceptos: la financiación colectiva o crowdfunding con el abastecimiento colectivo o crowdsourcing.

RonFunding es la plataforma de crowdfunding de **Ron Ritual**. Su compromiso es devolver parte de aquello que reciben; por eso, con parte del dinero de cada copa que venden impulsan proyectos de jóvenes que quieran mejorar su entorno.

Sponsorto es una plataforma de crowdfunding que promueve y ayuda exclusivamente iniciativas y actividades relacionadas con el deporte. Su objetivo es ofrecer un espacio de financiación y colaboración para todas las iniciativas públicas y privadas vinculadas con el deporte. Es un proyecto que no solo facilita la consecución de recursos monetarios, sino que ofrece la posibilidad de colaborar mediante la aportación de servicios, recursos materiales, infraestructuras o en la participación de determinadas tareas necesarias para desarrollar las iniciativas.

Teaming es una herramienta online de crowdfunding social donde las personas donan un euro al mes a causas sociales. Es una plataforma 100% sin comisiones. Tampoco existen comisiones bancarias gracias a un acuerdo con Banco Sabadell. Otra de sus características es que no plantean ningún límite de tiempo para recaudar fondos.

Verkami es la plataforma de crowdfunding que se presenta como alternativa a la financiación tradicional para artista, creadores, diseñadores... Un modelo basado en la complicidad con el público, una nueva experiencia de consumo cultural y un componente militante y de mecenazgo.

La herramienta multi-idioma ofrece un asesoramiento personalizado para todos y cada uno de los proyectos por expertos de las industrias culturales. Los proyectos en verkami tienen una tasa de éxito superior al 70%.

Ulule nació en en 2010 y, después de su lanzamiento, esta plataforma de crowdfunding ha financiado 9321 proyectos gracias al apoyo de internautas de 161 países. La herramienta apoya iniciativas creativas, solidarias e innovadoras.

Uniempren es una plataforma de crowdfunding fundada por la **Universidad de Valencia** en 2013 desarrollada con la financiación del Ministerio de Educación, en el marco del Programa de Atención Integral y Empleabilidad de los estudiantes universitarios. Ofrece la búsqueda de financiación mediante crowdfunding, de colaboraciones y de socios. También publicita la búsqueda de inversores privados, brinda información y asesoramiento a personas universitarias emprendedoras y apoya al emprendedor a través del blog de la plataforma y su red social en facebook y twitter. Su objetivo es ayudar a los emprendedores en el desarrollo de sus proyectos, ya sean éstos de empresa, de investigación o de interés general.

Worldcoo nace en 2012 como una herramienta online y gratuita que permite a las empresas de e-commerce financiar proyectos sociales y de cooperación a través de sus usuarios. La innovación, la transparencia y el compromiso social son los principales valores que vertebran este proyecto.

Marca-Patrocínalos surge con la idea de apoyar a los deportistas a alcanzar sus objetivos y sueños. Cuenta con un elenco de campeones olímpicos y paralímpicos del mundo y de Europa. Los usuarios pueden ayudar a cumplir los sueños de los mejores deportistas del panorama nacional a partir de tan solo un euro.

Crowdence es una plataforma de microfinanciación a través de la venta de camisetas personalizadas gracias a las campañas de crowdfunding. El asistente online crea la camiseta, marca el objetivo de reacudación, el precio de la camiseta, la duración de la campaña y la descripción del proyecto. A partir de ese momento la campaña está lista para su difusión. **Crowdence** se encarga de los pagos, fabricación de camisetas, envíos, y logística. Hasta el momento se han financiado 42 proyectos.

Design & Law es un despacho especializado en la protección del Diseño y la Innovación. Plataforma de crowdfunding que trabaja alrededor del sector de los videojuegos, el cine, la moda, la arquitectura y el diseño interior, la gastronomía, la ingeniería y la tecnología, la seguridad, el transporte, la salud y el bienestar, la ecología… Forman parte del catálogo oficial de proveedores **INCIBE** (Ministerio de Industria del Gobierno de España).

Libros.com es una editorial que utiliza una herramienta de crowdfunding para financiar sus publicaciones. Gracias a este método han logrado sacar adelante 117 publicaciones.

Kickstarter es una plataforma de financiamiento para proyectos creativos incluidos en los mundos de arte, comics, artesanías, baile, diseño, moda, cine y vídeo, comida, juegos, periodismo, música, fotografía, publicaciones, tecnología y teatro. Desde su lanzamiento ha contribuido con más de $1,8 miles de millones gracias a 8,8 millones de personas y ha financiado más de 86.000 proyectos creativos. El financiamiento en Kickstarter es "todo o nada".

Pentian es una plataforma de micromecenazgo para libros con incentivo financiero para los mecenas y sin coste para los autores.

Win1dream es un juego de crowdfunding que financia sueños con valor económico. La idea es: 1 Sueño, 1 Euro, 100 Días. En primer lugar, se invierte un euro en el sueño de otra persona para poder publicar el propio. Se cuenta con 100 días para lograr la financiación deseada. En caso de no alcanzarla, lo recaudado se repartirá entre los 50 primeros clasificados en el ranking de usuarios. Esto significa que no es necesario el apoyo de otras personas para conseguir dinero. La forma de obtener el dinero es una mezcla entre solidaridad y diversión.

Precipita es un proyecto de la **Fundación Española para la Ciencia y la Tecnología**, FECYT. Es un punto de encuentro entre los investigadores y las personas interesadas en la ciencia. En esta plataforma se pueden encontrar dos tipos de proyectos. Por una parte, proyectos de investigación científica y, por otra, proyectos relacionados con la divulgación de la ciencia, llevados a cabo por entidades públicas de investigación y desarrollo o entidades dependientes de éstas. Todos los proyectos que se publiquen en Precipita deben pasar por un proceso de selección de tal forma que se garantice la idoneidad de los mismos.

Vorticex destaca por ser una plataforma de crowdfunding y crowdsourcing enfocada en proyectos de ciencia e investigación. Vorticex se define como "la primera web global de financiación y participación colectiva para la ciencia y la investigación" y destaca por estar especializada en financiar proyectos relacionados con investigación, desarrollo y colaboración con universidades.

BBVA SUMA es una plataforma de crowdfunding promovida por el banco **BBVA** y que se centra en la financiación de proyectos solidarios. Para ello colabora con entidades como MSF, Ayuda en Acción o Intermón Oxfam.

FanStyler es un sistema de crowdfunding de moda que pretende acercar a los diseñadores al gran público. Tras descubrir sus diseñadores favoritos, los usuarios participan enviando sugerencias y votando sus diseños favoritos. Este compromiso de compra ayuda a los creadores a lanzar sus productos y los usuarios disfrutan de descuentos.

Fundlike es una plataforma de crowdfunding donde se publican proyectos e iniciativas que necesitan recaudar fondos. No solo gestiona la recaudación, sino que pone en contacto a creadores y cofinanciadores y consigue de forma gratuita que diversas marcas colaboren con las campañas de forma desinteresada.

Projeggt Es una plataforma de crowdfunding y de asesoramiento. No solo ofrece la herramienta para publicar los proyectos, sino que ayuda a los creadores en sus campañas de crowdfunding con asesoramiento externo. En Projeggt se han incubado 151 ideas y se han recaudado 222.539 € gracias a aportaciones de 5.565 mecenas. Su ratio de éxito es del 79,61%.

En **Siamm Crowdfunding** tienen cabida todo tipo de proyectos creativos y artísticos: música, audiovisuales, teatro, literatura, fotografía, cómic, videojuegos, diseño...Antes de lanzar un proyecto revisan todos los aspectos del mismo con el objeto de optimizarlos u ofrecer consejos para una adecuada presentación que permita alcanzar el éxito. También vigilan que los contenidos se ajusten al espíritu creativo de su plataforma.

Kuabol es una plataforma de crowdfunding que permite conseguir financiación colectiva e impulsar ideas a nivel cultural, empresarial, educativo, social, tecnológico, de investigación, ocio y deporte. Antes de que el proyecto aparezca en su web debe ser aprobado por el equipo; solo entonces empieza el periodo de financiación. Si tras los 40 días el proyecto ha alcanzado el 90% de la financiación, Kuabol permite que el proyecto siga abierto durante cuatro días más.

Emprendelandia es un espacio donde los emprendedores pueden crear sus campañas de crowdfunding y recaudar la financiación necesaria para sus proyectos empresariales.

Bandeed es una plataforma de crowdfunding de conciertos bajo demanda. Los grupos y los propietarios de las salas de conciertos son quienes pueden proponer espectáculos. Estas últimas ofrecen una fecha y los grupos la solicitan. La petición pasa por una votación y en base al resultado del sondeo y del criterio de la sala se decide qué grupos tocarán la fecha elegida. Los usuarios pueden realizar la preventa de la entrada a un 50% de descuento. El concierto solo tiene lugar en caso de que se complete el aforo.

Información Sensible no es solo un medio de comunicación, sino que además se presenta como una plataforma de crowdfunding en la que los periodistas pueden proponer reportajes y artículos que serán financiados por los lectores interesados. Todo los contenidos de este portal son de licencia libre; solo hay que nombrar la fuente original para reutilizarlos. Además, si los proyectos periodísticos no alcanzan la recaudación requerida, Información Sensible propone a los usuarios que recuperen el dinero, que colaboren con otro proyecto o que lo destinen a mantener el portal.

UnitedFoodRepublic (UFR) es una red que conecta a los amantes de la comida y de la gastronomía. En UFR, los creadores de nuevos conceptos de comida o conceptos ya existentes pueden obtener financiación para su proyecto o franquicia a través del crowdfunding. Los food lovers que quieran implementar un proyecto pueden realizar un prepago de la comida comprando cupones.

Igamundi ofrece ayuda a las personas que quieran desarrollar su proyecto musical a través de crowdfunding

Apontoque es una herramienta de micromecenazgo dirigida a deportistas, clubs, organizadores de eventos y profesionales relacionados con el mundo del deporte.

Crowdthinking es una plataforma de apoyo colectivo para ideas que desea animar a las personas a ser parte activa de los proyectos que pueden cambiar el mundo. La herramienta nació con la intención de apoyar a proyectos de I+D+I dentro del mundo universitario. Ahora aceptas iniciativas empresariales, culturales y benéficas.

EcoCrowdfunding es una iniciativa de **Tu EcoHuella**, empresa especializada en la generación de proyectos ecoinnovadores. Su equipo está formado por profesionales del medio ambiente que quieren dar cabida en su plataforma a proyectos que de otra manera tendrían complicada la financiación mínima necesaria para promoción y aumentar su promoción entre un público con intereses ambientales. Además, quieren dar la oportunidad a proyectos que creen empleo verde y que ayuden a compensar la huella de carbono.

F4R nace con el objetivo de aportar novedades a la búsqueda de financiación de proyectos de investigación y ciencia. Esta plataforma cree que mediante la realización de pequeñas aportaciones de muchos cientos de personas se puede producir una gran diferencia.

GoalFunds se autodefine como la primera plataforma de crowdfunding deportivo de alto rendimiento del mundo.

La Tahona Cultural es una plataforma online para facilitar la financiación de proyectos culturales. Pone en contacto a creadores, promotores o gestores culturales y posibles mecenas, para ayudarles a hacer realidad sus proyectos. Premia la creatividad y da la posibilidad a las personas interesadas en la cultura de participar activamente en un proyecto.

Miaportación.org es un proyecto sin ánimo de lucro que pretende comunicar y cubrir las necesidades de las personas más desfavorecidas.

Monta tu Luna de Miel facilita a los recién casados realizar el viaje de sus sueños gracias al concepto de crowdfunding entre amigos y familiares. El viaje se puede dividir en pequeños paquetes que sean accesibles a los bolsillos de todos.

Realiza tu libro es una plataforma de crowdfunding para libros. Las publicaciones, de todo tipo, son financiadas en complicidad con la comunidad lectora.

EQUITY CROWDFUNDING

El **crowdfunding de inversión** o equity crowdfunding es un tipo de financiación dirigido normalmente a emprendedores. Son personas que buscan recursos para lanzar un proyecto y que ofrece participaciones a los inversores que estén interesados. Esto significa que, en un futuro, es posible ganar dinero a través del proyecto, si este tiene éxito.

En España conviven diversas plataformas que ofrecen estos servicios. Entre todas ellas existen algunas diferencias que se exponen a continuación:

Sýndesi Mentors ofrecen mentoraje presencial para proyectos y una plataforma virtual de equity crowdfunding para proyectos innovadores y / o tecnológicos, una para proyectos culturales y artísticos y una social.

Balandras es el buscador de vuelos de las startups. El usuario busca entre los proyectos de múltiples plataformas de equity crowdfunding en un único lugar; encuentra, filtra y selecciona las mejores oportunidades de diferentes países desde el marketplace más grande de Europa e invierte; selecciona una startup, define cuanto quiere invertir y lo hace realidad en tres simples pasos.

Sýndesi Mentors ofrece a los usuarios una plataforma de equity crowdfunding para proyectos tecnológicos o innovadores, otra para los relacionados con proyectos culturales y artísticos y una última para temas sociales; además de mentoraje presencial para sus clientes.

Lignum Capital es una plataforma web de financiación participativa. Su misión es identificar proyectos innovadores, startups, en fase de crecimiento o semilla, buenas ideas con un modelo de negocio creíble y escalable y que necesiten financiación. Ofrecen a un grupo de inversores la posibilidad de conocer estos proyectos, de conocer a sus emprendedores, y de invertir en ellos. Como plataforma, Lignum apuesta por un perfil de inversor acreditado o cualificado.

Este año han logrado lanzar tres startups, con un capital financiado de casi 60.000 euros.

La Bolsa Social es una plataforma de equity crowdfunding y crowdlending destinada a financiar mediante capital y préstamos proyectos de empresas que tengan un impacto social o medioambiental positivo. La Bolsa Social selecciona proyectos de empresas que tengan buen modelo de negocio, potencial de crecimiento e impacto social o medioambiental positivo y acreditable.

La plataforma permite que la inversión se realice de una manera ágil, sencilla, transparente y participativa, con todas las garantías de la Ley y además con gran visibilidad a las empresas.

Capital Cell es una plataforma de crowdfunding de inversión dedicada a la Salud y Biotecnología. Nacida en 2014, Capital Cell permite a inversores ciudadanos participar en rondas de inversión que dar la oportunidad a las empresas de base tecnológica continuar su I+D para llegar al mercado. Como resultado, los pequeños ahorradores se convierten en socios de compañías españolas que desarrollan nuevos medicamentos, vacunas o dispositivos médicos.

Bestaker financia proyectos mediante equity crowdfunding o crowdinvesting. Las empresas (S.L.) que desarrollan esos proyectos se financian vendiendo un porcentaje de su sociedad a cambio del capital captado.

Los inversores se convierten en socios y esperan una rentabilidad de su inversión a través de dividendos anuales. Bestaker facilita a pequeños y grandes inversores invertir en esos proyectos mediante participaciones en el capital a cambio de su aportación económica.

Los proyectos que publica Bestaker en su portal para captar inversores han superado previamente un proceso de análisis y de reconceptualización a través de un trabajo conjunto entre Bestaker y los emprendedores (de hasta de un año de duración) por el que se transforma una buena idea de negocio en un negocio de alta rentabilidad con un plan de desarrollo creíble que incluye un plan de mitigación de riesgos.

Bihoop es una plataforma de inversión online en startups de equity crowdfunding. Está enfocada en publicar iniciativas de startups en sus fases iniciales y en proceso de ampliación de capital. Los inversores pueden invertir en los proyectos publicados en **Bihoop** a partir de tickets de 1.000 euros. Esta iniciativa también dispone de una red social para fomentar el ecosistema emprendedor online.

Creo en tu proyecto es un plataforma tecnológica y de consultoría en crowdfunding de inversión. **Creoentuproyecto** es una herramienta online que permite simplificar el proceso y multiplicar los resultados de las empresas. También analizan el plan de negocio de las compañías sin coste alguno previo al lanzamiento del proyecto.

Crowdcube España es una plataforma de inversión online sociedad filial de Crowdcube Ltd, una de las plataformas de equity crowdfunding de referencia en Europa.

En Crowdcube, multitud de inversores aportan pequeñas o grandes cantidades de dinero para que emprendedores y empresarios lleven a cabo su proyecto. Los proyectos son analizados previamente y superan un riguroso proceso de filtro, estudio y revisión para ofrecer la máxima garantía y seguridad. A cambio, los inversores reciben participaciones de la empresa y se convierten en sus socios acompañando a la empresa en su futuro crecimiento. Desde el año 2011, cuenta con una cartera de más de 160.000 inversores registrados y ha financiado 230 proyectos, por un valor de más de 95 millones de euros.

INVEREM es una plataforma de crowdlending y equity, aunque este último se ha impuesto como el formato principal. INVEREM se dirige a emprendedores con nuevas iniciativas o a empresarios con nuevos proyectos en su etapa incipiente. Cuenta con una red de inversores de más de 1.915 Business Angels y más de 3.249 emprendedores registrados, con más de 1.400 proyectos iniciados en su plataforma.

Mynbest es una plataforma de equity que, desde 2012, presta sus servicios a startups de una amplia variedad de sectores. Ofrece consultoría financiera, valoración de empresas y también tiene una plataforma de financiación participativa para ayudar a los emprendedores a conseguir fondos para su negocio. Tiene oficina en España y Chile. Su planteamiento es crecer globalmente y centrarse en Asia como siguiente destino.

Seedquick es una plataforma de equity crowdfunding, nacida de la mano del equipo de lanzanos.com e integrada dentro del acuerdo de fusión de **lanzanos.com** y **loogic.com**.

La plataforma pone en contacto a emprendedores y empresarios que buscan financiación con inversores. A cambio de esa financiación, los promotores de los proyectos se comprometen a entregar un porcentaje de los beneficios o de la facturación durante un tiempo preestablecido por contrato. Seedquick evalúa si los proyectos son susceptibles de entrar a la plataforma. Una vez pasada la campaña, si consigue la financiación, Seedquick se lleva una comisión del 5%. Si no la alcanzara, no cobraría nada.

SociosInversores es la primera plataforma dedicada a la financiación de proyectos de manera colectiva. Ofrece una alternativa a los emprendedores que buscan una financiación para sus ideas, y una oportunidad para los inversores de financiar proyectos con los que conseguir participaciones en empresas, trabajo, alojamiento u otras propuestas que el emprendedor dé a cambio de la inversión.

The Crowd Angel es un híbrido entre el crowdfunding y el capital riesgo. La primera plataforma online que permite invertir en una selección de startups con alto potencial de crecimiento.

Housers.es es la primera plataforma de equity especializada en el sector inmobiliario fundada por Álvaro Luna y Tono Bruseola, en la que puedes invertir en la compra de viviendas, locales y naves industriales desde 500 euros. Se seleccionan las mejores oportunidades para que conseguir una rentabilidad doble por el alquiler y por la apreciación del valor del inmueble. Housers selecciona aquellos inmuebles que les parecen más interesantes y los publican en la plataforma poniendo en contacto a inversores con promotores para que se ofrezca buena rentabilidad y poco riesgo.

CROWDLENDING

El **crowdlending** es un modelo de financiación que tiene lugar cuando una persona necesita dinero para realizar una actividad y acude a una plataforma especializada para recaudarlo. Estos portales ofrecen **préstamos de persona a persona**(P2P). El tipo de interés fijado para la devolución del dinero se establece previamente. La solicitud del préstamo debe ser aprobada por la plataforma de crowdlending correspondiente, que cuenta con un equipo de expertos que analizan todos los aspectos que influyen en la transacción.

El Referente ha identificado las once plataformas de crowdlending más importantes que operan en la actualidad. A continuación se detalla la actividad de las mismas:

Arboribus es una **plataforma de crowdlending para pymes** pionera en España fundada por Carles Escolano y Josep Nebot en el año 2013 en Barcelona. Son un un espacio donde los inversores pueden prestar dinero directamente a empresas solventes previamente analizadas, con un tipo de interés que el mismo inversor decide. Todo ello sin intermediación bancaria.

LoanBook es una plataforma española de crowdlending especializada en créditos para pymes fundada por **James Buckland y Octavi Soler** en 2012 (Barcelona). Dicha plataforma pone a disposición de todo tipo de inversores –pequeños ahorradores, family offices, inversores de banca privada...– una alternativa a los productos convencionales de ahorro y renta fija: la participación en créditos a pymes españolas sólidas y maduras, con facturaciones de entre 500.000 y 10 millones de euros y más de tres años de actividad.

Comunitae es una plataforma de crowdlending fundada en 2008 en Madrid y que pone en contacto usuarios con necesidades de crédito con inversores interesados en financiar proyectos de economía real. Su objetivo es introducir en España un modelo de inversión y financiación de éxito en mercados como el americano o el británico, como alternativa a la banca tradicional. Al intermediar entre préstamos personales, la plataforma no identifica públicamente a los destinatarios de la financiación.

Finanzarel, fundada en 2013 por **Paulino de Evan y Jorge Bustos**, nace como una iniciativa pionera en la desintermediación bancaria que ofrece nuevas soluciones de financiación a corto plazo para las empresas. Especializada en la financiación de Pymes mediante el descuento de facturas y pagarés, se sitúa dentro del sector FinTech (tecnología financiera). Finanzarel es una iniciativa encaminada a abrir nuevas vías de financiación a las empresas fuera del tradicional mercado bancario.

Grow.ly es una plataforma de crowdlending o financiación participativa P2B que pone en contacto a pymes que necesitan financiación con inversores que buscan obtener una mayor rentabilidad por sus ahorros. Es una comunidad social de préstamos online donde un número de personas prestan directamente a empresas financiando sus proyectos de crecimiento, apoyando al corazón de la economía y colaborando con su desarrollo.

Grow.ly solicita la información necesaria para conocer la situación de la empresa y la muestra en su plataforma. Trabaja con empresas previamente seleccionadas y con experiencia contrastada en su actividad.

ECrowd! es una plataforma online para la financiación colectiva a proyectos de inversión en nuevas tecnologías comprobadas con el fin de que sustituyan a otras tecnologías antiguas y menos eficientes. Con ello pretender generar un ahorro que posibilite el pago de las propias cuotas del préstamo y un impacto positivo en la sociedad y el medio ambiente. Pone en contacto directo a proyectos que necesitan un préstamo con inversores que buscan diversificar con un mayor rendimiento. La inversión directa en estos proyectos contribuye a la economía real y a un mundo más sostenible.

Crowd2b es una plataforma de financiación participativa que capta financiación destinada a las empresas y ofrece inversiones rentables para particulares. Con ello, contribuye a reactivar la economía productiva. El usuario elige su proyecto, decide la cantidad a invertir (a partir de 500€) y su inversión se trasladará a empresas con solvencia probada y gestión eficiente que requieren desarrollar proyectos tangibles para dinamizar la economía. A cambio, obtienen una remuneración atractiva de hasta el 7%.

Lendico es una plataforma de préstamos entre particulares que une a personas que necesitan dinero para sus proyectos con inversores que quieren rentabilidad para sus ahorros. Al realizar todas sus operaciones a través de internet, los gastos de transacción existentes en la banca tradicional se ven reducidos sustancialmente y este ahorro se transmite directamente a sus usuarios.

Real Funding es una plataforma de crowdlending que tiene como propósito el de ayudar a las organizaciones de impacto social o medioambiental a tener un mejor acceso al crédito y el de dinamizar y dar sentido a los ahorros de las personas.**RealFunding** ofrece una plataforma donde las organizaciones solicitan una campaña de financiación en forma de préstamo sin intereses y los inversores sociales consultan y seleccionan dónde destinan su dinero, el cual se protege con el Fondo de Garantía Social y genera un alto retorno social.

Zencap es una plataforma de crowdlending fundada por **Matthias Knecht** y **Christian Grobe,** dirigida por Francisco Sierra en España. En ella los inversores particulares pueden invertir dinero de forma directa en pequeñas y medianas empresas, sin intermediarios financieros. Las PYMES se financian a tipos de interés más competitivos y los inversores obtienen mejores rendimientos. Todo dentro de un proceso sencillo, rápido y transparente.

zank es una herramienta que pone en contacto a personas solventes que buscan un préstamo y quieren pagar un interés más justo con personas que tienen dinero para invertir y quieren obtener una mayor rentabilidad.

Una persona que busca un préstamo entra en zank y solicita la cantidad que desea (entre 1.000€ y 10.000€) y el tiempo en el que quiere devolverla (entre 6 y 48 meses). zank verifica los datos, los clasifica asignándoles un tipo de interés de acuerdo a su perfil de solvencia y lo publica para que todo el mundo pueda invertir. La persona que ha solicitado el préstamo, lo irá devolviendo mes a mes y a un bajo interés durante el tiempo que ella misma ha elegido.

El Crowdsourcing (del inglés *crowd* -multitud- y *outsourcing* -recursos externos-) es otro de los medios para financiar el proyecto de innovación. Siguiendo la definición de Wikipedia se podría traducir al español como *colaboración abierta distribuida* o *externalización abierta de tareas*, y consiste en externalizar tareas que, tradicionalmente, realizaban empleados o contratistas, dejándolas a cargo de un grupo numeroso de personas o una comunidad, a través de una convocatoria abierta.

Jeff Howe, uno de los primeros autores en emplear el término, estableció que el concepto de "*crowdsourcing*" depende esencialmente del hecho de que, debido a que es una convocatoria abierta a un grupo indeterminado de personas, reúne a los más aptos para ejercer las tareas, para responder ante problemas complejos, y para así contribuir aportando las ideas más frescas y relevantes.

Por ejemplo, se podría invitar al público a desarrollar una nueva tecnología, o a llevar a cabo una tarea de diseño (*diseño basado en la comunidad*' o *diseño participativo distribuido*), o a mejorar e implementar los pasos de un algoritmo (véase computación basada en humanos), o a ayudar a capturar, sistematizar y analizar grandes cantidades de datos (*ciencia ciudadana*).

El término se ha hecho popular entre las empresas, autores y periodistas, como forma abreviada de la tendencia a impulsar la colaboración en masa, posibilitada por las nuevas tecnologías (como la Web 2.0), para así lograr objetivos de negocios o eventualmente propuestas sociales. Sin embargo, el término y sus modelos de negocio han generado controversia y críticas.

El *crowdsourcing* es un modelo de producción y resolución de problemas. Normalmente, los problemas se difunden a un grupo de personas desconocidas mediante una convocatoria abierta para que estas los solucionen. Los usuarios, forman normalmente comunidades en línea y sugieren soluciones. Las comunidades también revisan las soluciones para encontrar errores o mejorarlas. Una vez decididas, las mejores soluciones pasan a ser de la entidad que propuso el problema en primer lugar: el convocante. A veces, las personas que propusieron las mejores soluciones son recompensadas. En algunos casos, este trabajo está bien recompensado, ya sea mediante dinero, con premios o bien con reconocimiento. En otros casos, la única recompensa es el prestigio, o la satisfacción intelectual. Las soluciones de *crowdsourcing* pueden ser de aficionados o voluntarios que trabajan en su tiempo libre, o de expertos o pequeñas empresas que eran desconocidos para la organización que expuso el problema. Jeff Howe ha diferenciado cuatro tipos de estrategias de colaboración abierta distribuida:

- *Crowdfunding* (financiación colectiva)
- *Crowdcreation* (creación colectiva)
- *Crowdvoting* (votación colectiva)
- *Crowd wisdom* (sabiduría colectiva)

El uso del término se ha extendido hasta incluir modelos en los que se distribuye entre la gente en general, un trabajo específico. Empresas como CloudCrowd y CrowdFlower no utilizan el clásico *crowdsourcing* porque los colaboradores no trabajan conjunta o colectivamente en la revisión de las soluciones.

Entre los beneficios obtenidos por el *crowdsourcing* podemos señalar los siguientes:

- Los problemas pueden ser examinados por un coste relativamente pequeño y, a menudo, muy rápidamente.
- El pago depende de los resultados, aunque a veces, no hay pago.
- La organización puede explotar una rango amplio de talento que podría estar presente en su propia organización.
- Al escuchar a la gente, las organizaciones obtienen información de primera mano sobre los deseos de sus clientes.
- La comunidad puede sentir una afinidad con la organización de "*crowdsourcing*", que es el resultado de un sentido de propiedad ganado a través de la contribución y la colaboración.

Hay varios ejemplos de crowdsourcing que están dando muy buen resultado , pese a la polémica sobre su uso. El principal es el de los llamados **Bancos del Tiempo** . He podido descubrir por mi mismo su funcionamiento y puedo afirmar que son ejemplo de voluntad y de tesón. Por ejemplo los Bancos de tiempo de Granada funcionan de forma ejemplar en muchas facetas. Está relacionado con un término antiguo *"El trueque"*. Un **banco de tiempo** es un sistema de intercambio de servicios por tiempo. En él la unidad de intercambio no es el dinero habitual sino una medida de tiempo, por ejemplo el trabajo por hora. Es un sistema de intercambio de servicios por servicios o favores por favores. Propone la ventaja de fomentar las relaciones sociales y la igualdad entre distintos estratos económicos. Se plantea el uso de este tipo de economía para solucionar diversos problemas presentes en la economía de mercado, a modo de economías complementarias o mercados alternativos. Actualmente estos proyectos pueden ser potenciados con el soporte de la tecnología de la información.

Imaginemos, por ejemplo, que ciertos individuos, no estando necesitados de dinero, lo estén de tiempo, y estuvieran dispuestos a pedir un préstamo en términos de tiempo. De este modo, al igual que en los sistemas financieros tradicionales, existiría un trasvase (en este caso de tiempo), desde las unidades excedentarias a las deficitarias, a cambio de una cierta rentabilidad por supuesto, pagada en unidades monetarias o temporales, según el caso.

Es un camino por ahora prometedor. Tiene algún efecto no deseado, pero puede ser muy útil su uso.

Aceleradores de los procesos de la innovación social:

Señalaré a continuación los tres procesos aceleradores de la innovación social, imprescindibles para poner en marcha proyectos:

1.- *Estar donde está la gente (crowd)* : Es muy importante estar donde puedes encontrar más talento. La gente está en la red, en las redes sociales, compartiendo información y conocimiento. Es en ella donde encontraremos a los creadores, innovadores, generadores de tendencias, lideres...

2.- Poner luz a lo que hacemos (ligth) : A veces cuesta ser transparente. Creemos que la transparencia nos traerá más problemas: alguien nos copiará nuestra idea o proyecto y se aprovechará de la mía sin esfuerzo. Esa actitud hace que a veces adoptemos un comportamiento reservado con el conocimiento que podemos. Claramente demostrado que compartir el conocimiento lleva al crecimiento profesional y al surgimiento de valor añadido a lo que estamos haciendo. El mundo está lleno de ejemplos de gente que escribiendo blogs, haciendo videos y subiéndolos a You Tube, compartiendo aplicaciones, ha generado nuevas oportunidades a partir de su actividad en la red como creador. La transparencia es algo fundamental para los procesos de innovación abierta. Usar las redes con inteligencia y sentido común forma parte de este proceso.

3.- Desarrollar tu sueño, encontrar tu motivación (desire). Entendida como Motiv (encontrar un motivo) y acción (pasar a la acción para conseguir realizar tu sueño. Poner toda la carne en el asador, trabajar incansablemente para encontrar con tus "ganas" no sólo la meta que habías planeado, sino también añadir aquellas que te va sugiriendo tu recorrido por la red (I like).

Como hemos comentado anteriormente este último proceso es el más importante de los tres: Encontrar tu sueño. Es difícil en muchos casos, pero la perseverancia, compartir las posibles habilidades, participar en un entorno creativo, hace a veces más fácil encontrar tu motivación. La motivación es la fuerza que impulsa nuestras acciones.

Como decía Steve Jobs "Tienes que encontrar lo que amas. Irse a la cama por la noche diciendo que he hecho algo maravilloso. Eso es lo importante. Amar lo que haces" .

Fig. 11.- Representación de marcadores de aceleración de los procesos de innovación y su importancia

O como nos deleita Mark Zuckerberg, fundador de Facebook : "Si sólo trabajas en cosas que te gustan y que te apasionan, no tienes que tener un plan estratégico de cómo las cosas van a suceder fuera."

Capítulo 10

Crear o morir. Los procesos de creatividad e innovación

No se plantea una innovación hoy en día de una persona solitaria entregada en un garaje a la creatividad y a la invención. Parece que los mejores, las mas potentes innovaciones siempre han estado ligadas a un equipo, a un grupo (con un liderazgo) que ha complementado los diversos puntos de vista. Los equipos interdisciplinares parecen aportar mejores condiciones y más eficacia en los problemas de innovación planteados. Logicamente las innovaciones sociales requieren a un equipo o grupo de distintos perfiles profesionales de carácter puramente técnico y tecnológico, pero también perfiles de carácter social. Y plantear una metodología de innovación es hacerlo siempre con un condicionante previo. Tiene que ver con la dinámica del grupo o del equipo de trabajo

> La creatividad es una forma de cambio y se puede educar , se puede aprender. Es inventar posibilidades

desde que el que se realiza esta metodología. El trabajo en equipo, las dinamicas funcionales del equipo intervienen de forma condicionante en el desarrollo de las innovaciones. Habrá que tener en cuenta por tanto la historia del equipo, las claves culturales del grupo y el clima social del mismo.

La creatividad es la capacidad de generar nuevas ideas o conceptos, o de nuevas asociaciones entre ideas y conceptos conocidos, que habitualmente producen soluciones originales. La creatividad es una forma de cambio.

Siguiendo a Vecina[73], podemos decir que "Es creativo el proceso que ha llevado a la formulación de una nueva teoría, a la producción de una obra plástica inédita, al desarrollo de un producto ingenioso que soluciona alguna cuestión práctica, etc. Es creativo el producto, respuesta o idea concreta que reúne características de novedad, originalidad, utilidad, adecuación a un problema dado, etc.. Y es creativo también el proceso de percibir todo esto, porque al mirar un cuadro una persona puede percibir un conjunto de manchas de colores y otra puede percibir sugerentes formas de entender el mundo. Es posible que alguien juzgue a Dalí como un estrambótico sin sentido y quien vea en él el sumun de la originalidad provocadora, y es que muchas veces la falta de creatividad es más un problema de quienes tienen que apreciarla que de quienes la manifiestan en aportaciones concretas.". Parece que la falta de creatividad en cambio es más un problema de demanda, porque en opinión de los estudiosos del tema hay una amplia oferta creativa. Es también una cuestión de actitud ante la interpretación del mundo.

---

[73] Papeles del Psicólogo ,Enero , número 1 VOL-27 , 2006. Maria Luisa Vecina .
http://www.papelesdelpsicologo.es/vernumero.asp?id=1282

De esta forma partir de la innovación es partir de una actitud. Estar en una permanente actitud de aprendizaje ante la vida, de aprendizaje y apertura ante nuevas posibilidades, partiendo de la humildad que implica el tener que reconocer las dificultades y lagunas para resolver problemas. Un ejercicio que se

> La creatividad como característica humana es el motor del cambio, del progreso y en definitiva de la evolución. La creatividad es a la evolución cultural lo que la mutación genética a la evolución natural (Csikszentmihalyi, 1996)

torna especialmente importante en la práctica en grupo. Romper la que se ha llamado la *"parálisis del paradigma"* para superar la *"inercia psicológica"* o *"malas prácticas"* para no avanzar en las organizaciones y no realizar innovaciones.

Se trata de aplicar alguno de los métodos de generación de innovaciones que actualmente se desarrollan. No se trata de generación espontánea sino más bien de un método constante y persistente, explicito y estructurado.

Se trata de poner en marcha algunos de los métodos ya descritos:

11.1.-Brainstorming o lluvia de ideas. La lluvia de ideas es una popular herramienta que le ayuda a generar soluciones creativas a un problema. Es particularmente útil cuando se quiere salir de los patrones obsoletos y establecidos de pensar, para que pueda desarrollar nuevas maneras de ver las cosas. También te ayuda a superar muchos de los problemas que pueden hacer que el grupo de solución a problemas, tras un proceso estéril e insatisfactorio para la organización. Se puede utilizar con su equipo, y le ayudará a llevar las distintas experiencias diversas de todos los miembros del equipo para la resolución de problemas. Esto aumenta la riqueza de las ideas exploradas, lo que significa que usted puede encontrar mejores soluciones a los problemas que tenemos que afrontar.

También puede ayudarle a adherir a los miembros del equipo con la solución elegida finalmente, ellos se involucrarán más en su desarrollo. Y lo que es más importante para la innovación, la lluvia de ideas hace más divertido el método, y se resuelven los problemas en un ambiente positivo y gratificante.

La Lluvia de ideas combina un enfoque relajado e informal para la resolución de problemas con el pensamiento lateral. Se pide que la gente venga a este espacio con ideas y pensamientos que al principio pueden parecer un poco locas. El foco central aquí es que algunas de estas ideas puede ser elaboradas en soluciones originales y creativas para el problema que estamos tratando de resolver, mientras que otros pueden generar aún más ideas. Este enfoque tiene como objetivo conseguir que la gente despegue, por "sacudidas", a salir de sus formas normales de pensar, a sacarlos de la llamada zona de confort .

Las ideas deben ser evaluadas sólo al final de la sesión de lluvia de ideas y este es el momento de explorar soluciones, dejando de utilizar los métodos convencionales.

Para tomar la decisión de la aplicación de esta técnica (la más usada y "manoseada", pero muchas veces carente de rigor metodológico) hemos de tener en cuenta que el grupo convencional de resolución de problemas puede estar lleno de problemas. Desde lo que se ha dado en llamar la confianza en el "gran ego" (que impide una participación abierta y el miedo al fracaso) , los participantes pueden ahogar e intimidar a los silenciosos miembros del grupo, a aquellos que les cuesta expresarse en público. Las participantes con menos confianza puede ser que tengan demasiado miedo al ridículo, a compartir sus ideas con libertad. Esto hace necesario ir pensando en crear un ambiente más disruptivo. Otros pueden sentir presión para conformarse con la opinión del grupo, o se ven frenados por un excesivo respeto por la autoridad o jefe del grupo y experimentan también una sensación de parálisis por miedo a paracer ridículo o poco riguroso en sus planteamientos. Como tal, entonces, el grupo tradicional de solución de problemas es a menudo ineficaz y estéril.

Por el contrario, la lluvia de ideas proporciona un ambiente de intercambio de ideas en una llamada "rueda libre", de intercambio de ideas y en la que todos están invitados a participar. Se debe crear un "microclima" creativo . Las ideas extravagantes son bienvenidas, y muchos de los temas del grupo de resolución de problemas son superados. A todos los participantes se les pide que contribuyan plenamente, abiertamente y con justicia, y contribuir a liberar a las personas para desarrollar un amplio abanico de soluciones creativas a los problemas a los que están enfrentándose.

11.1.1.-Metodología de la lluvia de ideas[74]

Hay varios requisitos fundamentales y previos para una sesión exitosa de brainstorming:

1. Todo el mundo debe estar familiarizado con el problema a tratar .
2. El problema no debe ser demasiado complejas o múltiples facetas. Si lo es, debe subdividirse en un subproblema más pequeño. La simplicidad es importante.
3. Un grupo de entre tres y 10 personas es el óptimo (5 el ideal). Un número más pequeño no da suficiente interacción entre las personas de modo que las ideas puedan alimentarse de uno al otro. Un grupo más grande, por otra parte, es muy engorroso de dinamizarlo. Algunas personas se quedarán fuera de la discusión y se convertirá en negativo o indiferente y este es un error fatal para una sesión de lluvia de ideas.

10.-1.1.1 *Preparación para una Sesión*

Una de las cosas más importantes que hemos de hacer antes de una sesión de lluvia de ideas es definir el problema. El problema debe ser claro, explicito, no demasiado grande y con referencia a una cuestión determinada, como por ejemplo "¿Qué servicio para los teléfonos móviles no está disponible, pero es

---

[74] Según metodología descrita por G. Venkatesh, Instituto de Investigación en Mettupalayam, India

necesario?" Si el problema es demasiado grande, el moderador/dinamizador debe dividirlo en componentes más pequeños, cada uno con su propia pregunta.

11.-1.1.2 Seleccionar a los participantes

El coordinador del grupo establece la composición del panel de participantes en la lluvia de ideas. Son posibles muchas variaciones, pero la composición se sugiere lo siguiente:

- Varios miembros principales del proyecto que se han demostrado interesados y útiles en el mismo.

- Varios invitados de fuera del proyecto, pero con afinidad al problema que se está planteando.

- Una idea que engloba las ideas sugeridas

- Y algo fundamental: La voluntariedad en la participación en el grupo es una condición que a veces se confunde con la motivación a participar. Es necesario combinar la especificidad técnica de los participantes y su interdisciplinariedad con su motivación para resolver el problema.

11.-1.1.3 Elaborar una nota de preparación de la sesión[75]

La nota de preparación de la sesión es la invitación y la carta informativa para los participantes, que contiene el nombre de la sesión, el problema, y el método y las claves culturales que llevan a la sesión, la hora, fecha y lugar. El problema se describe en la forma de una pregunta, y se dan algunas ideas de ejemplo. Las ideas son las soluciones al problema, y se utiliza cuando la sesión se ralentiza o se desvían. La nota debe ser enviada a los participantes por lo menos dos días de anticipación para que puedan reflexionar sobre el problema de antemano y dediquen tiempo para ello.

11.-1.1.4 Crear una lista de preguntas para la sesión

Durante la sesión de lluvia de ideas, la creatividad puede disminuir. En este momento, el dinamizador debe estimular la creatividad mediante la sugerencia de una pregunta principal a responder por los participantes, como por ejemplo "¿Podemos combinar estas ideas?" o "¿Qué tal una mirada desde otra perspectiva?" Se recomienda preparar una lista de esas pistas antes de que comience la sesión.

11.-1.2 Tres simples Brainstorming para "calentar" la sesión.

El "calentamiento" mental en la lluvia de ideas es útil para hacer que la gente tenga el estado de ánimo adecuado para una sesión. Estos tres calentamientos son comunes para ayudar a aquellas personas involucradas en el proceso de lluvia de ideas. Ayudan a superar escollos y maximizar los resultados creativos.

1. Juegos de palabras: Excelente técnica de calentamientos, consiste en realizar juegos de palabras para ejercitar la mente y ayudar a los participantes a conseguir la mentalidad adecuada para la lluvia de ideas. Realmente no importa qué juegos de palabras específicas se utilizan, siempre y cuando estas sean mentalmente estimulantes y desafiantes.

2. Practique y practique para ejecutar antes de abordar el problema concreto: Se lleva a cabo mediante la creación de un problema imaginario

---

[75] Ver el anexo sobre un ejemplo de una nota preparatoria.

divertido y las formas correspondientes de intercambio de ideas para superarlo. Los profesionales pueden conseguir una sensación de generación de ideas para el proceso de intercambio de las mismas y ejercer –con esta práctica- las partes del cerebro que se pondrá a trabajar durante la sesión actual. Es como un ejercicio mental, de gimnasia mental.

3. Juego de opuestos: para realizar este intercambio de ideas de calentamiento, escriba una lista de 10 a 20 palabras comunes. Al lado de cada palabra, escriba las tres primeras palabras que vienen a la mente al pensar en lo contrario de lo que esa palabra debe ser. Si se trata de una sesión de lluvia de ideas, ha de leer una persona cada una de las palabras en voz alta y, a continuación, que todos los miembros del equipo de brainstorming escribir las tres primeras palabras que vienen a la mente.

11.-1.3 Reglas de la sesión

Al participar en una sesión de lluvia de ideas, hay varias reglas que se deben seguir para que sea productivo:

1. *No hay críticas o los juicios negativos no están permitidos.* Estos vienen más tarde, después de la sesión haya terminado. La idea básica es obtener nuevas ideas y no valorarlas. La introducción de las críticas, juicios y evaluaciones detendrán el flujo de ideas creativas, al hacer los individuos defensa y auto-protección de sus argumentos, y por tanto experimentarán miedo de introducir ideas verdaderamente nuevas y diferentes, por temor al ridículo.

2. *Haga arreglos para un ambiente relajado.* Si el ambiente es ruidoso, lleno de distracciones, la concentración se perderá. Además, las posiciones y las personalidades de los participantes son importantes. Un supervisor autocrático podría arruinar una sesión si la gente tiene miedo de parecer "tonto" y por lo tanto no hablan cuando tienen ideas novedosas.

3. *Piense en la cantidad, no la calidad.* El punto de reflexión es la obtención de un gran número de diferentes tipos de ideas. Una vez más, los juicios de venir después, cuando las ideas que no parecen prometedoras pueden ser filtrados. Al concentrarse en la cantidad, el subconsciente se le anima a seguir haciendo nuevas conexiones y generar más ideas.

4. *Agregar o expandir las ideas de los demás.* Esto no es un concurso de egos, de la capacidad de cada uno, sino un esfuerzo de grupo para resolver un problema común. Una premisa básica es que las ideas de una persona pueden desencadenar diferentes ideas (algunas relacionadas y otras no tan estrechamente relacionados) en otras personas. Por eso, esta técnica funciona mejor en un grupo, en oposición a cuando se utiliza en forma aislada (como ya hemos referido anteriormente).

11.-2. Variaciones sobre el Classic Lluvia de ideas

Las nuevas variantes de lluvia de ideas buscan superar obstáculos como el bloqueo de la producción y podría resultar superior a la técnica original. Las siguientes son algunas de las opciones alternativas:

11.2.1 Técnica de Grupo Nominal

Este método anima a todos los participantes tengan el mismo peso en el proceso. También se utiliza para generar una lista ordenada de ideas. Los participantes se les pide que escriban sus ideas anónimas. A continuación, el moderador recoge las ideas y los votos del grupo en cada una de las ideas. El voto puede ser tan simple como una mano alzada a favor de una idea determinada. Este proceso se llama destilación.

Después de la destilación, las ideas que tienen una clasificación más elevada pueden ser enviadas de nuevo al grupo o subgrupos para someterlas a una mayor lluvia de ideas. Por ejemplo, un grupo puede trabajar en el color requerido en un producto, otro grupo puede trabajar en el tamaño y así sucesivamente. Cada grupo va a venir de nuevo a todo el grupo para la clasificación de las ideas mencionadas. A veces las ideas que se han rechazado anteriormente podrían adelantarse de nuevo una vez que el grupo ha vuelto a evaluar las ideas.

11.2.3 Grupo técnica Passing

En este método, cada persona en un grupo circular anota una idea, a continuación, pasa la hoja de papel a la siguiente persona en el sentido de las agujas del reloj, que añade algunas reflexiones. Esto se repite hasta que todo el mundo recibe su pedazo de papel original de nuevo. En este espacio de tiempo que transcurre, es probable que el grupo habrá ampliamente desarrollados en cada idea.

Una alternativa popular a esta técnica es crear un "libro de ideas" y publicar una lista de distribución en la parte delantera del libro. Una descripción del problema debe aparecer en la primera página del libro. La primera persona en recibir el libro enumera ideas de sus rutas y luego el libro a la siguiente persona en la lista de distribución. La segunda persona puede iniciar una sesión o agregar nuevas ideas a las ideas de la persona anterior. Esto continúa hasta que la lista de distribución se agota. Un seguimiento de la "lectura" reunión se lleva a cabo para discutir las ideas registradas en el libro. Esta técnica lleva más tiempo, pero permite que el pensamiento individual porque la persona tiene tiempo para pensar profundamente sobre el problema.

11.-2.4 Idea Mapping Team

Este método de lluvia de ideas se realiza mediante el uso de la asociación. Puede mejorar la colaboración y aumentar la cantidad de ideas, y está diseñado para que todos los asistentes puedan participar. El proceso comienza con un tema bien definido. Cada participante crea individualmente una lluvia de ideas en torno al tema. Todas las ideas se combinan en un mapa idea general. Durante esta fase de consolidación, los participantes podrán descubrir un entendimiento común de las cuestiones, ya que comparten los significados detrás de sus ideas. A medida que el intercambio tenga lugar, las nuevas ideas pueden surgir por asociación. Estas ideas se añaden al mapa también. A continuación se generan las ideas, tanto a nivel individual como grupal. Una vez que todas las ideas son capturadas, el grupo puede priorizar y tomar medidas. Ponerlas en un gráfico, situándolas cada una de las personas en el mismo en pequeños papeles puede ayudar a ver el grado de adhesión a las ideas. Esta técnica puede acompañarse de alguna herramienta de mapas mentales que hay en el mercado y que resulta muy útil para relacionar los conceptos e ideas.

11.-2.5 Electronic Lluvia de ideas

Electronic brainstorming es una versión computarizada de la técnica manual. Se puede hacer a través de correo electrónico. El facilitador envía la pregunta a los miembros del grupo, y que contribuyen de forma independiente mediante el envío de sus ideas directamente de vuelta al facilitador. Luego el facilitador recopila una lista de ideas y la envía de nuevo al grupo para comentarios adicionales.

Electronic brainstorming elimina muchos de los problemas de la lluvia de ideas estándar, como el bloqueo de la producción y la aprehensión de evaluación. Una ventaja adicional de este método es que todas las ideas se pueden archivar electrónicamente en su forma original, y después recuperarlas más tarde para mayor reflexión y discusión. Electronic brainstorming también permite a grupos mucho más grandes para una lluvia de ideas sobre un tema que normalmente sería productivo en una sesión de brainstorming tradicional. Tiene el inconveniente de que la motivación personal y el efecto del clima del equipo y del calentamiento se pierde.

11.-2.6 Brainstorming Individual

Este es el uso de una lluvia de ideas de forma solitaria. Por lo general incluye técnicas como la escritura libre, discurso libre, asociación de palabras y la tela de araña, que es una nota visual tomando técnica en la que la gente diagrama de sus pensamientos.

11.-3. El poder de la lluvia de ideas

La lluvia de ideas permite a un equipo obtener los mejores resultados posibles mediante la combinación de todos los recursos disponibles. Ayuda a los profesionales de ordenar las ideas para que puedan planificar con antelación al recopilar nuevos datos, y puede acelerar el período de recopilación de información, ya que cada persona en la sesión agrega valor al resultado final. En la lluvia de ideas, ninguna idea es no deseada, y todas las entradas de nuevas ideas es bienvenida, lo que puede dar lugar a muchas valiosas contribuciones.

- Brainwriting (BrWr)
- TRIZ (Teoría de Resolución de Problemas de Inventiva)

Además hay una serie de características propias de los procesos de innovación social más ligadas a la metodología:

> a) **Puesta en marcha de procesos de creatividad**: La generación de buenas ideas ligadas y pegadas al territorio y que conecten con oportunidades en la red. Hay muchas técnicas para ello. Desde la más clásica del brainstorming, pasando por las más rupturistas, hasta las más sofisticadas ligadas por ejemplo al "Lego © Serious Play"[76] .La creatividad ahora es tan importante en la formación como la alfabetización lo fue en otros tiempos y debemos tratarla con la misma importancia. Introducir procesos de fomento de la creatividad en la enseñanza se

---

[76] Ver "La servilleta" de Paco Prieto http://www.pacoprieto.com/lego-serious-play.html

ha vuelto más que una elección una imperiosa obligación para el sistema educativo. De un sistema educativo pensado para la era postindustrial, la era del conocimiento requiere que se trabaje desde la base en otro tipo de educación más personalizada y más centrada en la creatividad como un proceso orgánico de generación de la innovación social.

b) *Perseverancia*: En el sentido de poner en marcha todos los mecanismos de motivación interna que nos haga tener un plus extra de esfuerzo y de coraje para alcanzar la meta, y que nos haga ser constantes en lo que hacemos. Encontrar la motivación que nos mueve a impulsar el proyecto es uno de los ejercicios más importantes para la innovación. Descubrir cúal es tu "lei motiv" por el que te mueves te hace estar "enchufado" permanentemente a tu proyecto, estar continuamente pensando en el. Tener tu adrenalina al 200% en busca de que tu proyecto salga.

c) *Gestión*: Algo indispensable en el proceso. Entendemos la gestión como la capacidad de planificar, organizar, evaluar, y de tener en suma una estrategia para desarrollar el proyecto.

d) *Recursos*: Dinero fundamentalmente, pero no únicamente. A veces nos encontramos con proyectos de innovación social en el que sus autores y protagonistas principales nos confiesan que su proyecto no conlleva gasto económico. Los sacamos rápidamente de su ingenua apreciación. Todo tiene un valor económico. Su tiempo también. Si bien es cierto que el proyecto nunca va a tener el dinero por delante, si es verdad que un buen proyecto es un buen efecto "iman" para los recursos económicos. Cuantificar y monetizar el coste es algo absolutamente necesario para poder monetizar los ingresos. Y no sólo de dinero viven los proyectos. También el intercambio de recursos es una metodología muy importante para llevar a cabo el proyecto. Hay muchas experiencias de financiación hoy en día y sobre las que se sustentan ya infinidad de proyectos de innovación social: Plataformas de crowdfunding[77], crowdsourcing[78], bussines angels, mecenas..., fondos de capital riesgo... etc.

Y lo que es más importante en las características de este proceso: Lo que distingue una idea de un proyecto es el tiempo y el dinero. Un proyecto deja de

---

[77] Ver la Plataforma "Goteo" como un ejemplo de crowdfunding en http://goteo.org
[78] Ver la plataforma de Crowdsourcing http://www.crowdsourcing.com

ser idea cuando se pone en marcha. Hasta entonces no es nada más y nada menos que una idea. El tiempo desde que se "idea" hasta que se pone en marcha es lo que lo distingue. Y la importancia de acortar esa tiempo es trascendental. Los proyectos de innovación social con ayuda de las TICs tienen la peculiaridad de que el que llega primero a ponerlo en marcha es el que ocupa un espacio trascendental para su viabilidad. Echando mano del refranero español, aquí si que es verdad que "el que da primero, da dos veces". Además otra distinción de la idea y del proyecto es de que este último se sustenta en un plan de financiación.

Y para finalizar este capítulo no te olvides nunca de esta frase: "Las ideas son fáciles. La aplicación es difícil. "- Guy Kawasaki, fundador de Alltop.

Capítulo 11

Una de las claves para la innovación:

Salir de la zona de confort

Salir de la zona de confort es uno de los procesos clave de la innovación. Quizás uno de los retos más difíciles, pero, a la vez, uno de los retos más gratificantes.

El organismo, nuestra mente, tiene una tendencia a la sedentarización. Una tendencia a movernos poco. Hasta las situaciones más incomodas se vuelven - por un complejo sistema adaptativo- situaciones confortables. Nuestra mente funciona con un sistema de adaptación que nos permite integrarnos en la nueva situación y adaptarnos a ella de la forma más fácil posible. Darwin[79] ya hablo de la adaptación de las especies a un medio cambiante, y el que logra adaptarse es el que logra sobrevivir.

La zona de confort es un estado psicológico en el que una persona se siente familiar, a gusto, en el control y experimenta baja ansiedad y el estrés. En la zona es posible un nivel constante de rendimiento, según define Alasdair AK Blanca [80]

Bardwick [81] define el término como "un estado de comportamiento que una persona actúa en una posición de ansiedad neutral." . Brené Brown[82] la describe como "Donde nuestra incertidumbre, la escasez y la vulnerabilidad se minimizan, donde creemos que vamos a tener acceso a suficiente amor , la comida, el talento, el tiempo, la admiración. Cuando sentimos que tenemos algo de control " [83]. Brown dice que "Cuando nos metemos en tiempos de inestabilidad social, política o financiera, nuestras zonas de comodidad se hacen más pequeñas".

Bardwick cita un famoso experimento realizado por los psicólogos Robert M. Yerkes y John D. Dodson, allá por 1908. El experimento se hizo con el uso de ratones, encontraron que las estimulación del rendimiento ha mejorado, hasta un nivel determinado - lo que hoy se conoce como la ansiedad óptima-. Cuando se pasa de ese nivel, y estamos bajo demasiado estrés, el rendimiento se deteriora. Es una campana de Gauss.

---

[79] "El origen de las especies por medio de la selección natural" http://www.cervantesvirtual.com/servlet/SirveObras/13559620212026495222202/index.htm

[80] The comfort zone to performance management http://www.whiteandmaclean.eu/from-comfort-zone-to-performance-management/

[81] Bardwick, Judith M. (1995). El peligro de la zona de confort: Desde la sala de reunión a la Sala de correo - cómo romper el hábito que está matando los negocios estadounidenses. AMACOM Div estadounidenses Mgmt Assn. ISBN 978-0-8144-7886-8.

[82] Brown es profesora de investigación en la Universidad de Houston Colegio de Posgrado de Trabajo Social y autor de "Los regalos de la imperfección" (Hazelden, 2010)

[83] Tugend, Alina (11 February 2011). "Tiptoeing Out of One's Comfort Zone (and of Course, Back In)". Retrieved 11 December 2014.

"Necesitamos un lugar de incomodidad productiva", dijo Daniel H. Pink[84] : "Si usted es demasiado cómodo, no es productivo. Y si usted es demasiado incómodo, no eres productivo. No podemos estar demasiado calientes o demasiado fríos ".

La reacción de toda persona a la tensión es diferente, por supuesto. Cada zona de confort es muy distinta para cada uno de nosotros. Cuando nos sentimos

Ley de Yerkes Dodson sobre rendimiento y ansiedad

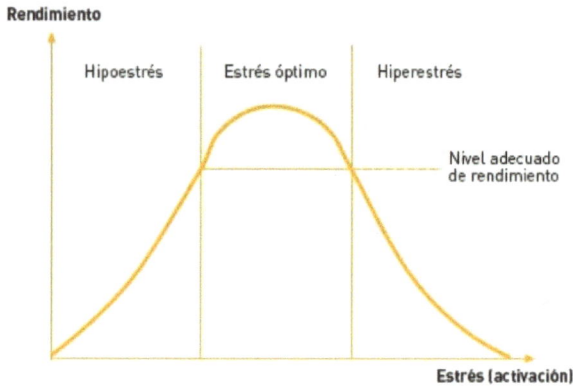

Fig. 12 .-Relación entre ansiedad y rendimiento óptimo y paralizante

vulnerables a menudo nos sentimos con miedo y vergüenza. Y ", ya que esas son algunas de nuestras emociones más difíciles, queremos evitarlos", opina Brown.

Cuenta Alina Tugend una anécdota en el New York Times que me permito reproducir porque creo que expresa claramente lo que es salir de la zona de confort: "Un amigo, un hombre de familia en mediados los 40 años, recientemente dio un gran paso fuera de su zona de confort. Dejó su trabajo como socio en una firma de derecho corporativo - a pesar de que se siguen manteniendo lazos informales durante un año - para escribir una novela. Él no tenía ningún editor o agente editorial en este punto, algo trascendental para poder pensar en escribir una novela. Él sólo decidió perseguir algo que siempre quiso hacer. El quiso perseguir un sueño. Lo interesante, que mi amigo descubrió, es que su salto fuera de su zona de confort hizo que otra gente se sintiera incómoda.

---

[84] Autor de "La sorprendente verdad sobre qué nos motiva" (Riverhead, 2009)

"Debido a que no fue una decisión esperada, que hizo que la gente que le rodeaba vivir la situación fuera de los supuestos habituales", dijo. "Si él está haciendo una elección activa, entonces yo estoy haciendo una elección activa por mi parte para tomar la decisión de quedarse en su trabajo anterior. Y puedo elegir hacer algo completamente diferente a lo que haría yo mismo." El entorno habitualmente no comparte los mismos valores, pensamientos y objetivos que tienes tu para tomar esta decisión. Como dice Brown "Cada vez que nos abrimos a la vulnerabilidad, es un espejo muy incómodo".

Esto es algo que conocen bien los emprendedores e innovadores. Comienzan siendo unos incomprendidos por su entorno más cercano que se mueve más en el escepticismo. Ésta incomprensión crónica del entorno -y en el mejor de los casos- el escepticismo activo que a veces comparten actúa también como paralizante. Sus motivaciones, sus miedos, sus pensamientos, en suma son diferentes. Eso formará parte de la zona de "riesgo" del emprendedor que toma las decisiones.

La elección de dejar nuestras zonas de comodidad es suficientemente dura. Pero ser forzado a salir es aún más difícil. Y es que sucede con demasiada frecuencia, con trabajos y profesiones enteras que desaparecen o que es despedido o que sencillamente la empresa cierra.

El objetivo es llegar a ese nivel óptimo para que nuestros conocimientos aumenten y que se sientan cómodos con ese nuevo nivel de ansiedad - entonces estamos en una zona de confort ampliada. Y lo ideal, es que lleguemos a donde estemos más acostumbrados a esos sentimientos de "incomodidad productiva" y nuestra experiencia nos va a ayudar a no tener tanto miedo a probar cosas nuevas en el futuro.

El papel del pensamiento para salir de la zona de confort vemos que es esencial. Nuestros pensamientos son informados sobre todo por nuestras experiencias y nuestras creencias. El pensamiento, por lo tanto, representa nuestras creencias y experiencias de vida. La palabra "representar" es, literalmente, volver a presentar. Como tal, tendemos quedamos atascados en las ranuras particulares de nuestro viejo pensamiento habitual que sigue presente sigue para volver a presentar nuestro pasado. Cuando esto ocurre, no estamos presentes en el ahora ya que estamos esclavizados por el pensamiento que tiene que ver con nuestra edad y, por lo tanto, por los viejos sentimientos. El presente se queda atrapado en el pasado.

En el momento en que atribuimos a un pensamiento, convoca automáticamente nuestra historia personal de emociones que lo acompañan, y nos convertimos en incrustado en este reflejo del pasado condicionado. El deseo de salir del viejo pensamiento requiere liberarse de lo que se puede llamar la zona familiar. Por lo general, podríamos llamar a esta zona de la comodidad, con la excepción de que no es especialmente cómoda, simplemente familiar. Como si estuviéramos en un atasco incomodo, pero que a fuerza de quedarte atrapado en él todos los días acabas haciendo "familiar" y te acabas acomodando a su incomodidad. La lucha para liberarse de esta cuenca del pensamiento antiguo y de participar en el cambio, o en la transformación, requiere un alza más allá de las barreras de la zona de lo familiar.

La principal dificultad en esta búsqueda es que el pensamiento antiguo defiende literalmente su territorio, ya que proclama que es demasiado peligroso para aventurarse fuera de la zona familiar. Creamos excusas o justificaciones a cualquiera para postergar o evitar por completo el malestar de nuevas ideas y nuevos comportamientos. Así, el pensamiento poderosamente protege su soberanía al proclamar el peligro de nuevas ideas y un nuevo terreno. Llegamos a ser muy hábiles al justificar por qué no debemos aventuramos en este nuevo territorio, que van desde un simple "me da mucho miedo" o "me hace sentir incómodo" y lleva toda la intención de defenderse contra el nuevo movimiento.

He disfrutado mucho compartiendo con otras personas estos cambios que habían de afrontar en su vida, o compartiendo los míos propios. Donde más he podido comprarir con más satisfacción esta situación es en las decisiones que me llevaron a cambiar de trabajo, a comenzar una nueva aventura como emprendedor. Ello también me hizo poder ayudar mejor a las personas que necesitaban cambiar más allá de este límite autoimpuesto animándoles a cambiar su relación con su malestar. Si la inquietud de pasar a un nuevo terreno se convierte en nuestra justificación para mantener el pensamiento viejo y antiguo comportamiento, tenemos que modificar nuestra relación con esta ansiedad.

Ampliar tu zona de confort te lleva a que tu vida sea más placentera, aunque sea más desconocida

Para eso es necesario que comience a mirar el malestar como su aliado, como una señal de que usted está cerca de salir de la zona familiar. Si se siente cómodo, es muy probable que esté atascado en el pensamiento antiguo. Por lo tanto, las necesidades comienzan a ser confortables para convertirse en un problema más adelante. Lo que está claro es que tenemos que abrazar la inquietud con el fin de progresar, que forma parte de nuestra evolución en positivo.

Así como la elaboración y la formación de nuestros cuerpos para mantenernos en forma requiere un cierto malestar cuando hacemos ejercicio, tenemos que aprender a liberar nuestro pensamiento de este ancla en el pasado. Muchas personas están dispuestas a participar con la incomodidad de trabajar arduamente para el beneficio esperado tanto en su salud, como en la vanidad, pero igual que hacemos lo imposible para mantenernos bien físicamente, hemos de hacerlo también para salir más allá de nuestra zona familiar en los niveles emocionales y psicológicos. Si ponemos tanto esfuerzo en nuestros procesos internos como hacemos con nuestros estados físicos y materiales, estaríamos bastante sorprendido de lo diferente que nuestra realidad podría ser, a mejor.

Cuando estas metodizando a alguien para que inicie un emprendimiento y salga de su zona de confort dicen con frecuencia: "Eso no es fácil de hacer." Yo les pregunto cómo se llegan a creer eso, si nunca lo han intentado y no lo saben. La sola idea de que "es difícil de hacer" algo es una ilustración del pensamiento antiguo para la defensa de su territorio. Ese pensamiento se convierte en una profecía autocumplida y dificulta el proceso de cambio. Como siempre, debemos preguntarnos qué informa nuestros pensamientos y creencias. Desde un punto de vista la meta, la creencia de que es difícil cambiar tendría sentido perfecto en el universo mecánico de Newton de objetos fijos. Sin embargo, la visión del mundo emergente es uno de flujo en movimiento, incluso en 3 dimensiones, y se da de tal forma que el cambio está constantemente pasando.

La zona conocida actúa como un límite literal, una frontera, lo que limita y restringe nuestras experiencias. Además acaba convirtiéndose en un círculo vicioso que genera una indefensión y cierto estado depresivo porque la ansiedad anticipando cuando se va a salir puede ser una señal que haga evitar cualquier movimiento y esto a su vez actúa como una sustancia depresiva para evitar cualquier movimiento.

Por lo general, si se queda en la zona contribuye a la sensación de depresión, mientras que ir más allá de la ansiedad se involucra en el cambio. La relación entre la ansiedad y la depresión revela el movimiento que se tiene o la falta de ese mismo movimiento. El progreso se puede lograr por abrazar la ansiedad, lo que le permite avanzar, a medida que expandimos más allá de las limitaciones de la zona familiar. Permaneciendo encarcelado dentro de la zona conocida puede ser cómodo y familiar, sin embargo, se está estancando y a la larga es favorecer un estado más depresivo y consiguientemente con menos competencia y actitudes para lograr que nuestra creatividad funcione, que nuestra innovación llegue y que nuestro emprendimiento culmine, o al menos aprendamos en todo el proceso para el siguiente.

Una vez que hacemos algo de progreso y avanzamos en el nuevo paisaje mental, hay una tendencia a descansar en la satisfacción de que hemos ampliado más allá del límite. El círculo se vuelve un poco más grande. Y así que respiramos un suspiro de alivio, ya que hemos crecido un poco. Sin embargo, hay una inclinación a ser tirado hacia atrás hacia la zona familiar, casi como si si fuera una fuerza gravitacional. Estamos inclinados a sentir como si todavía estamos en la órbita de la zona familiar. La manera de contrarrestar esta influencia - la retirada de vuelta a lo familiar - es ampliar continuamente más y más en un nuevo territorio. Una vez hecho esto, nuestra zona familiar es ahora infinitamente más grande, y así es nuestra vida.

Algo esencial, salir de la zona de confort para que suceden cosas maravillosas y nos hagan sentir mejor con nosotros mismos ampliando nuestras competencias y posibilidades. No es fácil, pero es muy gratificante cuando se consigue. Salir de la zona de confort es encontrar un punto nuevo un punto relacionado con nuestra motivación. Conectar con lo mejor de nuestras motivaciones. Descubrir aquellas conexiones cerebrales que nos llevan a los neurotransmisores, a las enkefalinas y endorfinas, que nos dan mayor placer haciendo aquello que nos gusta y que nos emociona.

"Usted no debe centrarse en por qué no puede hacer algo, que es lo que la mayoría de la gente hace. Usted debe centrarse en por qué tal vez usted puede ser una de las excepciones. "- Steve Case, cofundador de AOL.

Capítulo 13

Crear Comunidad: Todo el mundo lo intenta

y pocos lo consiguen

<u>Es</u> fundamental ir creando una comunidad de proyectos, de emprendedores e innovadores. La cultura individualista propia del sistema capitalista de años anteriores a la llegada de las redes sociales.

La nueva cultura de Internet, aquella que parte del sufijo ¨Co¨ para definir buena parte de la nueva cultura de la innovación y que tiene un marcado carácter social. Compartir la información y el conocimiento, la corresponsabilidad, la co-creación, y la comunicación son algunas de las características esenciales de la innovación.

El empoderamiento de todas aquellas personas que están motivadas para desarrollar una idea y encuentran un ecosistema que favorece su apoyo y su desarrollo es esencial. Pero es igual de esencial poner en común muchas de estas ideas y compartirlas. Es esencial cultivar el sentido de pertenencia a una comunidad que vara la idea, la chequea, la comparte, la hace suya, la mima, comparte el éxito y sobre todo ayuda a aprender de los fracasos.

Muchas de las aceleradoras y de comunidades que se crean en el mundo tienen este objetivo inicial. Todas se nutren de esta misión. Incluso muchas Escuelas de Negocio en el mundo trabajan esta nueva concepción. Trabajan esta conciencia de comunidad emprendedora que desarrolla con sus recursos nuevas oportunidades. La verdad es que hoy por hoy muy pocas lo consiguen. Aparentemente todas están volcadas en esto, pero el día a día del emprendedor es muy duro y la mayor parte de las veces se convierten solo en un mercado de recursos humanos o financieros que canalizan las iniciativas. ¨Ya es bastante¨, opinan algunos. Pero hay otras experiencias que intentan ¨corregir¨ o canalizar este nuevo mercado de la innovación . Tenemos que destacar la iniciativas emprendidas por Telefonica que intentan acelerar los proyectos de emprendimiento tecnológico en el mundo. **Wayra**[85] o la iniciativa ¨**Open Future**¨[86] es una buena iniciativa que va en este sentido. En este sentido Jose Mª Alvarez Pallete, COO de Telefonica, ha sido el gran impulsor de esta magnifica iniciativa. Con aquella frase de ¨tenemos que hacer que se mueva el elefante¨, intentó revolucionar la orientación de la compañía para el futuro. Comenzó en España y se fue extendiendo a todo el mundo. Mover una multinacional como telefónica no era fácil y en la actualidad muchos de los equipos más cualificados que hay en el mundo en temas de emprendimiento están a bordo de este pro-

---

[85] La aceladora de emprendimiento impulsada por Telefónica http://wayra.co
[86] Open Future es una iniciativa global de Telefónica para el desarrollo y la aceleración de proyectos emprendedores https://www.openfuture.org/

yecto que se topa con no pocas dificultades, pero que va sacando unos resultados también muy brillantes, aunque aún poco significativos en términos globales.

Los resultados de la Red Guadalinfo -como iniciativa pública- también han sido excepcionales, como ha señalado la Comisión Europea. La experiencia nos ha hecho incubar más de 1,000 proyectos de innovación social a partir de la comunidad #Innycia, una comunidad creada a partir de esta metodología de aceleración de proyectos en una región de España con más de 8,5 millones de habitantes y 770 municipios. En estos proyectos hay implicadas más de 6,500 entidades de las que un 55% son entidades privadas o del tejido asociativo. Un proyecto que ha conseguido que cada por cada € invertido en el territorio, ha revertido en él 1,8 € [87].

A través de la metodología de *"Market Place"* la Red Guadalinfo creó un entorno colaborativo para avanzar en proyectos concretos viables sobre las **oportunidades de las TIC, en el entorno local** (empresarial, social, y económico) y su previsible evolución en los próximo años alrededor de cuatro temáticas:

- Sistema de Financiación (Crowdsourcing, Bussines Angels, etc.)
- Modelo de Negocio (Monetización)
- Comunicación 2.0 (Social Media)
- Creatividad (Procesos de aprendizaje invisible)

Cada una de estas áreas ha sido abordada por expertos, donde se profundizaba en las necesidades, para el impulso de los proyectos de innovación social.

El objetivo de este espacio era derribar barreras, mentorizar, visibilizar y dar alas a las iniciativas presentadas para su materialización en proyectos económicamente sostenibles. Este espacio representaba una toma de contacto de las acciones que se generan en el territorio y pone de manifiesto las peculiaridades específicas según la zona de origen. Funciona, en la práctica como un gran coaching grupal para enmprendedores/as.

Las áreas temáticas principales sobre las que se fundamentamentaba el análisis de los expertos son las siguientes:

- Creatividad: Recursos para reinventar nuestra mirada de cara a la resolución de problemas y análisis de situaciones, para aportar valor, sacudir las ideas y revitalizar tu proyecto.
- Comunicación y Marketing: Destrezas y herramientas para afianzar y posicionar nuestros mensajes, lograr alianzas, mejorar la capacidad de seducción de nuestro proyecto, gestionar la marca, expandir y viralizar las ideas.
- Financiación: Fuentes de información y recursos (públicos,

---

[87] Estudio de impacto socioeconómico de los Telecentros Españoles http://comunidaddetele-centros.net

privados, alternativos, tradicionales). Para aportar y conocer subvenciones, fondos europeos, regionales, becas, concursos, nuevas modalidades de financiación

- Tecnología: Descubre y comparte aplicaciones, plataformas, herramientas y todo aquello que la tecnología ofrece para la aceleración de nuestros proyectos en cualquiera de sus fases.

Una vez finalizada esta dinámica el promotor de cada proyecto y los partici- pantes del marketplace se beneficiaban de las aportaciones de los expertos hacia su proyecto y podían valerse también de los distintos matices, con un aprendizaje colectivo de metodologías que se apropiaban entre unos y otros proyectos. Herramientas, métodos, modelos de negocios eran compartidos y escalados en otros proyectos y territorios. Una experiencia novedosa como esta y enmarcada en los procesos metodológicos de innovación social que se han hecho en el territorio concreto de Andalucía y que consiguen alimentar los principales objetivos del formato:

- Acelerar el desarrollo de las ideas creativas existentes en nuestra red hacia la creación de valor, a través de la creación de sinergias con otras entidades y puesta en común de buenas prácticas.

- Ser un punto de encuentro y de intercambio de ideas innovadoras entre agentes tractores del territorio donde se desarrolla nuestra comunidad (Andalucía)

- Captar y promocionar el talento y la excelencia, tanto de personas que desean crear proyectos como de aquellas que quieren colaborar en los existentes.

- Crear un laboratorio de ideas y proyectos, donde la información y el conocimiento discurran libremente con el fin de conectar ideas y personas, así como de extender la cadena de dinamización del proyecto.

- Promocionar un Foro Interdisciplinar capaz de liderar las transformaciones y aportar soluciones a los retos de un futuro relacionados con las oportunidades de Internet.

Lo que a continuación hay que hacer de forma paralela es:

- Crear un banco de errores y aciertos sobre los ya realizado.
- Compartir destrezas y herramientas: Pon en común tus conocimientos y recursos y descubre los de otros en los cinco ámbitos en los que es necesario actuar para acelerar el despegue, desarrollo, y

consolidación de tu proyecto.
- Explorar nuevos puntos de vista: abre tu mirada para descubrir nuevas soluciones a viejos problemas
- Conectar: Encuentra alianzas, ideas, nuevas formas de trabajar y de dar respuesta a las necesidades de tu proyecto. Con ayuda de esta plataforma se ponen en valor las nuevas tecnologías, acelerando el proceso de ejecución de los proyectos, y promoviendo el contacto entre los expertos y los promotores de los proyectos expuestos en el Market Place.

Pautas para crear comunidad de una forma exitosa :

1. Determina el tipo de comunidad que quieres desarrollar.

Antes de comenzar con el proyecto de lanzar una comunidad debes saber exactamente cuáles son los objetivos, la visión y la misión de la misma. La participación de los miembros será la que posibilite los proyectos que se determinen, por lo que tener definidos claramente los objetivos será un indicador de éxito. Hay que emplear un tiempo en definir los grandes ejes. No improvises . Piénsalo y comparte con los miembros que consideres . La teoría de círculos sirve para ello. Comienza por un círculo más pequeño con las personas más motivadas hacia el proyecto y posteriormente lo vas abriendo hacia otros círculos de amigos, conocidos , followers y fans.

Son varios los factores que influyen en la creación exitosa de una comunidad, pero entre ellos es importante que te centres en los siguientes:

a) Originalidad. El hecho de que no exista ninguna comunidad como la que tienes en mente favorecerá el que logres unir a personas con las mismas aficiones y gustos en un solo lugar.
b) Actualidad. Hace falta un pequeño estudio de mercado para saber qué temas interesan hoy y cuáles están en auge. Detecta la tendencia que está en auge y aprovéchate de ellas. Una herramienta gratuita que te puede ayudar a hacer este estudio es Google Trends, la herramienta de tendencias de búsqueda de Google. Detecta la tendencia y averigua qué volumen de búsquedas tiene en Google, e incluso la previsión que hace Google para los próximos meses.
c) Pasión. No es posible generar contenido de algo por lo cual no te sientes atraído. Busca un tema que te apasione y que esto se transmita en todo lo que hagas; recuerda que el contenido es el rey, lo que pongas será clave, lo que seas capaz de transmitir y cómo lo hagas también. Una imagen vale más que mil palabras.

2. Diseña la estrategia

Antes de generar cualquier proyecto, es importante que crees un documento con lo siguiente:
- Definición de para qué creáis la comunidad. Esto es muy importante. Para comunicar lo que vais a poner en marcha es esencial saber el porque y el para que lo hacéis. Es la motivación del proyecto de comunidad.

- Definición de quiénes sois, cual es el público objetivo que vais a formar la comunidad.
- Qué vais a ofrecer a la gente que participa en la comunidad. Ventajas por participar.
- Cuáles son vuestros objetivos (por ejemplo con un análisis DAFO[88])
- Con qué medios contáis para realizarlo. (muy importante porque si no se convierte en algo voluntarista) Todo lo que hagas cuesta tiempo y dinero. Quien se responsabiliza de qué es muy importante.
- Hasta dónde queréis llegar. Hazlo por etapas. esto ayudará mucho. Por meses, por trimestres, por años...

3. Crea tu branding

Todos sabemos que el contenido es el rey, pero todo rey deberá ir acompañado de una reina, y ésta es la imagen visual de tu comunidad. La imagen debe ser representativa y constante en todas vuestras comunicaciones.

Hay 2 elementos clave de la imagen (visual y textual):

1) El **Naming**. Debes buscar un nombre que identifique a tu comunidad, que sea fácil de recordar y sobre todo, que te sientas cómodo con él. ¡Recuerda que tu nombre es lo que darás a conocer! El nombre debe transmitir un sentimiento, algo que sepas que va a emocionar a tu público. Algo que exprese el simbolismo de lo que vas a realizar. A veces innovar en el proceso de confección del naming y el logo es algo que ayuda a que la gente de la comunidad acabe identificandose con ella.

2) El **Logo**. El logo transmitirá tu imagen de marca. Para ello te recomiendo la lectura del libro Logo Design Love[89]; uno de los capítulos te explica cómo crear un logo en la web de forma gratuita. Seguro que te inspira.

4. Define tu calendario y a tu equipo

Tanto si tienes planeado trabajar solo como en equipo, necesitarás poner en un calendario tu trabajo, para ser constante y disciplinado. El calendario es esencial. Te recomiendo una hoja de cálculo que te sirva para establecer un calendario para definir las tareas que se desprenden de cada uno de los objetivos , el tiempo que vas a emplear en cada una de ellas y el responsable de tu equipo que la va a llevar a cabo. Hay muchos modelos de calendarios en la red para planificar el trabajo que te pueden ayudar.

5. Quién debe crear una comunidad
Éste es un punto fundamental. Una comunidad 2.0 la puede crear un profesional del entorno digital o bien una organización. Sin embargo, es cierto que los fans

---

[88] DAFO: Debilidades, Amenazas, Fortalezas, Oportunidades del proyecto.
[89] El libro en PDF en el que habla de cómo crear un Logo http://www.logodesign-love.com/images/books/Logo_Design_Love_free_chapter.pdf

o los apasionados por una temática específica se sentirán más cómodos participando en un entorno menos esponsorizado, en donde las marcas tengan protagonismo mínimo o "camuflado". Es decir, una marca puede crear una comunidad, pero es mejor que la comunidad no se identifique totalmente con esa marca. La marca puede estar "detrás", o patrocinando algún evento, pero la comunidad no debería girar en torno a ella. Muchos patrocinadores ayudarán también a generar adhesiones a la comunidad. es importante que haya una estrategia online de la comunidad para ir difundiendo los eventos y las actividades que se van realizando. esto genera también visibilidad y adhesión, además de sentido de pertenencia para sus miembros.

Y la comunidad te servirá para aprender de tus clientes, de los que forman parte de tu producto o servicio. "Tus clientes más descontentos son tu mayor fuente de aprendizaje." - Bill Gates, cofundador de Microsoft.

Capítulo 13
El Social Mentoring

Benjamín Franklin decía que ¨no hay inversión más rentable que la del Conocimiento¨. Y es la difusión del conocimiento la gran transformadora de la sociedad y de los territorios. Este Conocimiento necesita también tener una forma de estructurarse y racionalizarse de forma ordenada para que su aplicabilidad a la innovación y al emprendimiento pueda ser un hecho. El conocimiento puede adoptar la forma de Proyectos de Innovación Social, con una metodología de creación de proyectos determinada y facilitar así el desarrollo de cualquier iniciativa innovadora.

En otros países con una fuerte cultura emprendedora y de fomento de autonomía de los jóvenes como Estados Unidos se han creado desde hace muchos años organizaciones dedicadas al mentorización. Por ejemplo mentoring.org se encarga de reclutar y proporcionar apoyo a jovenes. Prácticamente todas la Universidades americanas tienen una red de mentores para ayudar a sus alumnos a salir adelante. El MIT de Harvard (la Universidad que aparece en primer lugar en todos los rankings mundiales de Universidades) tiene también una potente red de mentores que sirve como ejemplo a muchas otras a través del Venture Mentoring Service . En España, En Europa y en Latinoamerica están apareciendo tímidas iniciativas sobre todo en Universidades Privadas y en ciclos de Postgrado. ESADE tiene en su red de alumnos esta iniciativa incluida en su proyecto.

Estos proyectos nacen del **impulso del talento y las ideas de las personas**, que son las que pueden mejorar sus vidas y su entorno. En este sentido han aparecido numerosos espacios y aceleradoras públicas y privadas que gestionan procesos de impulso del talento. En lo público la Red Guadalinfo o Andalucía Emprende ha sido una de ellas. En lo privado hemos exportado el modelo Americano a través de iniciativas como Impact Hub, CitiLab, Barcelona Lab, etc. Los proyectos de innovación social y los emprendimientos se desarrollan de forma **colaborativa** con la participación de particulares, instituciones, colectivos y/o empresas, con fines comunes o complementarios. Es un modelo de colaboración publico-privada muy propio de las iniciativas europeas (PPP para la Unión Europea)

Son **iniciativas marcadas por la innovación social o la capacidad ciudadana** para generar y materializar ideas que transforman socioeconómicamente su entorno y mejoran la calidad de vida en sus territorios de actuación. Ideas rentables económica y socialmente para la mayor parte de la comunidad en la que se desarrollan.

En este entorno el *social mentoring* es un sistema de apoyo, y también de aprendizaje personal, por el que una persona ofrece a otros su experiencia y asesoramiento en procesos que ya ha vivido y de los cuáles ha sacado **un conocimiento que puede transmitir**, que beneficiará al otro y le enriquecerá a el mismo. El mentor cualificado se los ofrece a otra persona que quiere emprender y no tiene experiencia en ello.

Para llevarlo a cabo se establece una **relación personalizada, horizontal**, a través de la cual se **invertirá un tiempo**, se **compartirá un conocimiento** y se **dedicará el esfuerzo** para que el *mentorizado*, promotor de un Proyecto de Innovación Social, disponga de **nuevas perspectivas, enriquezca su forma de pensar** y **desarrolle todo su potencial** como persona y como profesional, lo que redundará en la mejora del proyecto en cuestión.

Todos como ciudadanos, tenemos capacidades, valores, conocimientos, habilidades, que pueden ayudar a otros. **Esta es la base del *mentoring* social** y lo que se pretende hacer aplicando esta metodología de trabajo.

Se trata de la **transmisión informal de conocimiento**, o lo que es lo mismo, de capital social. La experiencia de cada uno puede ser valiosa a otros y a su vez otros pueden ayudarle también a quien ha sido el mentor dependiendo la complejidad del proceso.
Muchos empresarios exitosos no sólo son filantrópicos, sino que también les gusta compartir el conocimiento adquirido en el proceso de creación y dirección de nuevas empresas. Es para ellos muy satisfactorio.

El papel del llamado mentor es esencial. Para explicar qué es un mentor, podemos empezar explicando qué no lo es:

- ✓ No es alguien que enseña, sino más bien alguien que ayuda a aprender.
- ✓ No se trata por lo tanto de instruir, sino de aportar herramientas a otros para que lleguen al conocimiento.
- ✓ No es solo adquirir conocimiento, sino aprender haciendo.
- ✓ No es sustituir al *mentorizado*, sino acompañarlo.
- ✓ No es solucionar los problemas del *mentorizado*, sino ayudarle a ver dónde pueden estar las soluciones.
- ✓ No es adquirir la responsabilidad de los problemas del *mentorizado*. Los problemas son los asuntos sobre los que mentor y *mentorizado* dialogan y se retroalimentan. El *mentorizado* mantiene la propiedad del problema o del proyecto.
- ✓ No es un invento, sino una práctica muy antigua adaptada a las circunstancias de hoy.

Por lo tanto **¿qué es un mentor en el caso que nos interesa?** Es alguien que acompaña al/los promotores de un proyecto de innovación social o de un emprendimiento a lo largo del mismo y transmite parte de su conocimiento para lograr la consecución de sus objetivos.

Hay muchas formas de captar mentores. En casi todas las aceleradoras de emprendimiento ofrecen un amplio abanico de mentores para que la persona innovadora pueda ponerse en contacto con ellos, exponerle su proyecto , etc. La mayoría de ellas tienen el proceso ya automatizado a través de su web.
El SEGUNDO PASO lo daremos una vez hayamos decidido ser mentores del proyecto.
El dinamizador territorial acordará un encuentro entre sus promotores y tú mismo, en el que él/ella actuará como mediador.
En este primer encuentro.
ELLOS:

- ✓ Te contarán su proyecto: ***finalidad del proyecto****
- ✓ Especificarán sus potencialidades y dificultades.
- ✓ Expondrán sus necesidades.
- ✓ Pondrán sobre la mesa qué necesitan de ti.

TÚ:

✓ Expondrás tu experiencia.
✓ Pondrás sobre la mesa tus conocimientos, habilidades, valores, etc.
✓ Expondrás tus limitaciones.
✓ Expondrás lo que, a priori, crees que puedes hacer por ellos.

Encuentra tu red de mentores. Que los tengas al alcance para que te puedan ayudar de forma permanente.

Encuentra a un mentor que te diga siempre cosas parecida a esta: "Los medios de comunicación quieren éxitos (así siempre tienen a alguien para tirar abajo). Ignóralos. No haga caso de los críticos tempraneros que no tienen suficientes datos para juzgar. No hagas caso de los inversionistas que desean tácticas probadas y resultados instantáneos predecibles. Escuchar en su lugar a los clientes reales, escucha su visión y ponte a hacer algo para el largo plazo. Porque ese es el tiempo que tenemos que tener en cuenta, chicos." Seth Godin, autor, empresario, vendedor, y orador público.

Capítulo 14

A vueltas con la creación de un ecosistema de innovación para el emprendimiento.

Numerosos recursos públicos y privados se han destinado hoy en día a la creación de iniciativas innovadoras pensadas para desarrollar un ecosistema de emprendimiento. Todo el mundo quiere prácticamente un ecosistema cerca de su entorno.

Crear un ecosistema de innovación como dice el dicho popular ¨no es un huevo que se echa a freir¨. Necesita varios ingredientes que deben permanecer a lo largo del tiempo. Es una carrera a largo plazo.

El ecosistema tiene que **tener ambición** , construirse a gran escala, pensando en el mercado global. Ha de establecerse con un **potencial de crecimiento** facilitando a los emprendedores el crecimiento personal y el de su empresa, favoreciendo el acceso de talento, de inversiones, y la formación en modelos de negocio,con un importante **compromiso de todas las partes**, que sus ganancias vayan reinvirtiéndolas en nuevos proyectos. La creación de una **red de Business Angels o de Venture capital** es fundamental, así como un sistema de **mentorización**.

Siguiendo las investigaciones que en este sentido se han hecho en estos años atrás en la ***Universidad de Harvard*** [90] [91]y con la vista puesta en la experiencia del ***Silicon Valley como una de las ¨mecas¨ del emprendimiento*** en el mundo, como modesta contribución a modo de decálogo propongo lo siguiente:

15.1.- No intentar convertir este ecosistema (ni ningún otro) en un Silicon Valley.

15.1.- No intentar convertir este ecosistema (ni ningún otro) en un Silicon Valley. Su nacimiento y crecimiento es imposible repetir en otra parte del mundo. La conjunción de talento, capital, Universidades de altísimo nivel, y sistema fiscal han hecho posible el milagro. Seguramente en este momento allí tampoco sería posible hacerlo. Alcaldes, concejales, Presidentes de Regiones Autónomas, Presidentes de gobiernos Latinoamericanos o sus Ministros se afanan en emular en sus respectivos lugares a la experiencia del Silicon Valley . Ya contaré en otro capítulo porque esta experienciaa no es extrapolable a muchos lugares más. Sólo Israel, Canadá y pocos lugares más han logrado por razones diferentes empujar a sus territorios hacia un ecosistema de innovación eficaz.

15.2.- Moldear el ecosistema de acuerdo con las condiciones y potencialidades locales. Para una autoridad lo más difícil, y vital, es diseñar el traje que calce mejor con las propias dimensiones, estilo y clima del emprendimiento local. Y generalmente se aplican recetas de expertos externos o consultoras que sirven de poco para ello.
Crear foros de debate con los agentes y expertos apropiados locales y globales abren una visión importante. Es más importante crear una metodología de trabajo constante que traer soluciones enlatadas como sucede con frecuencia.

---

[90] Artículo original de Art Markman en Harvard Business Review
https://hbr.org/2012/12/how-to-create-an-innovation-ec
[91] Artículo basado en Harvard Business Review. La gran idea: Como iniciar una revolución empresarial: https://hbr.org/2010/06/the-big-idea-how-to-start-an-entrepreneurial-revolution/ar/1

15.3.- Involucrar al sector privado desde el comienzo: Clave el liderazgo de la llamada sociedad civil y no de la administración. Ningún gobierno puede construir ecosistemas de forma autónoma. Los gobiernos deben involucrar a los particulares desde el comienzo y dejarlos adquirir un interés significativo y responsabilidades en el éxito del ecosistema. También es necesario contar con la experiencia fuera de nuestra tierra, con alguno de los ¨expatriados¨. En los próximos años es necesario t*ransformar la fuga de cerebros en una ganancia de cerebros.*

15.4.- Favorecer los proyectos con más potencial, pocos proyectos potentes y no muchos poco escalables. Muchos programas en economías emergentes distribuyen sus escasos recursos entre muchos emprendimientos para la base de la pirámide. Pero enfocar los recursos allí y excluir los negocios de alto potencial es un error a largo plazo. Poner foco en aquellos proyectos con alto potencial de crecimiento. El impacto económico y social de las iniciativas de alto potencial y el de las alternativas menos ambiciosas es muy diferente.

15.5.- Contemos nuestros casos de éxito: En los últimos años ha quedado claro que incluso un solo éxito puede tener un efecto sorprendentemente estimulante en un ecosistema de emprendimiento, al despertar la imaginación del público e inspirar a los imitadores. Casos como los de Skype , una compañía que nació en Estonia ha estimulado a los habitantes de este país a emprender. Debemos celebrar los éxitos en grande.

15.6.- Cambio Cultural: Ya estamos participando de él, pero hasta hacen bien poco los padres estimulaban a sus hijos para que fueran funcionarios públicos, un empleo seguro. Hoy la crisis económica y los niveles de desempleo han cambiado radicalmente esta realidad. Tolerancia con los errores y aprender de ellos. Hay una frase que resume muy claramente esta nueva cultura: *¨Unos días se gana y otros..se aprende¨* .

15.7.- Es necesario hacer lo que en Harvard llaman **"Estresar las raíces".** Es un error darle demasiado dinero fácil a los emprendedores. Aquí también tenemos una frase que lo resume: *¨Menos es más¨* Al igual que los viticultores restringen el agua para sus viñas, de modo de lograr que crezcan y extiendan sus raíces y que sus uvas produzcan un sabor más concentrado, los gobiernos deberían "estresar las raíces" de los nuevos emprendimientos con una dosificación del dinero que aportan.

15.8.- No exagerar en el diseño de los clusters, de los tan extendidos Parques Tecnológicos ; ayúdenosles a crecer orgánicamente, esta es la clave. Los clusters empresariales sí nacen y crecen naturalmente pueden ser elementos importantes de un ecosistema. Tenemos ya muchos cluster, prácticamente uno por cada ciudad. Desde arriba no nacen y se desarrollan se necesita tiempo y talento. Los proyectos también han de madurar. Cuidado con las megalomanías de otros tiempos, con edificios sin contenido o con un contenido más propio de otro lugar.

15.9.- Propiciar **reformas de los marcos legal, burocrático y regulatorios.** Numerosos emprendedores han tenido éxito a pesar de la legislación y la burocracia y suelen usar su riqueza y estatus para impulsar reformas. Son muchas las investigaciones que señalan varias reformas que tienen un impacto positivo en la creación de empresas: ***despenalizar la quiebra, proteger a los accionistas de los acreedores, y permitir que los emprendedores vuelvan a empezar de nuevo con prontitud. Proteger a los trabajadores del desempleo, con normas que van desde dificultar el despido a darles protección cuando están desempleados.*** Los Ayuntamientos y las Comunidades Autonomas deben jugar también un papel capital facilitando la radicación con medidas fiscales similares a las que hay por ejemplo en el Reino Unido, Australia, Canada. Un emprendedor no comienza a cotizar hasta que su facturación no llega a los 250,000 libras. Y por supuesto el tiempo de espera para montar una empresa. Los rankings que podemos consultar para ello nos demuestran que en aquellos países donde abrir una empresa supone un periodo de latencia y un tiempo de espera mayor dificultan la aparición de nuevos emprendedores y a su vez estimulan el que el talento que pudiera existir dentro se marcha a encontrar entornos más favorables. En el ámbito internacional, muchos países han instrumentado portales electrónicos para ayudar a la creación e inicio de operaciones de las nuevas empresas: En América Latina, ¨Tu empresa en un día¨ es la iniciativa más reciente introducida por el gobierno de Chile para ayudar a las empresas (y a los ciudadanos) a cumplir con trámites administrativos a través de portales en internet. Esta iniciativa busca estar más orientada al cliente, a diferencia de los modelos desarrollados anteriormente. En Norteamérica, el portal ¨BizPal¨ de Canadá ofrece información y asesoría vía internet. Este portal funciona en un ambiente de negocios complejo, dado que Canadá, como España o México, tiene tres niveles de gobierno y logra simplificar bastante la tramitación. En Europa, el portal de internet ¨Circe¨ de España, combinado con una simplificación de trámites, ha sido efectivo en la creación de empresas, especialmente aquéllas muy pequeñas. Portugal también ha llevado a cabo un programa de reformas para facilitar la creación de nuevas empresas, incluido un registro centralizado en internet para todas las licencias y para el desarrollo de ventanillas únicas de resolución de trámites. Con el portal ¨Tu empresa¨ México se situó en buen lugar para la simplificación y disminución de trámites y cargas administrativas para la creación e inicio de nuevas empresas, así como para trámites vinculados con su operación. En los países donde las barreras de entrada son bajas, como Canadá o Suiza, son más exitosos al incrementar la productividad, y con ello ofrecen un mayor bienestar a los ciudadanos. Las medidas que reducen las barreras de entrada estimulan el crecimiento económico mediante el incremento de la competencia, lo cual obliga a las empresas a innovar más, ser más eficientes y aumentar la productividad. Además de simplificar los trámites y mejorar el ambiente de negocios, facilitan la creación de empresas en el sector formal.

Nueva Zelanda, Australia y Reino Unido son, en general países donde más se ayuda a las empresas para crearse y competir de una forma más eficaz.

15.10.- **Conectar con ecosistemas globales** : es torna esencial en un mundo global. Conectar experiencias de cada uno de los lugares con el Silicon Valley, con Israel, o con Hubs Europeos que funcionan con mucho dinamismo en Berlin , Amsterdam o Londres.... son algunas de las conexiones deseables. Conectar talentos, proyectos, capitales, en base a un sistema colaborativo. Invertir en ello dará unos importantes frutos a largo plazo. Para la creación de un ecosistema de innovación podemos seguir también el esquema que hace unos años publicó Daniel Isenberg [92] y sobre el que se ha basado el MIT para desarrollar un ecosistema de emprendimiento. Nosotros lo referenciaremos para que nos sirva también de apoyo a nuestro planteamiento.

Mercados y oportunidades , políticas y estrategia de emprendimiento, estructura de finanzas y de apoyo para la financiación, cultura de emprendimiento y normas asociadas, ayudas profesionales multidisciplinares, capital humano de la empresa son algunos de los factores más importantes a tener en cuenta para crear las condiciones para el emprendimiento.

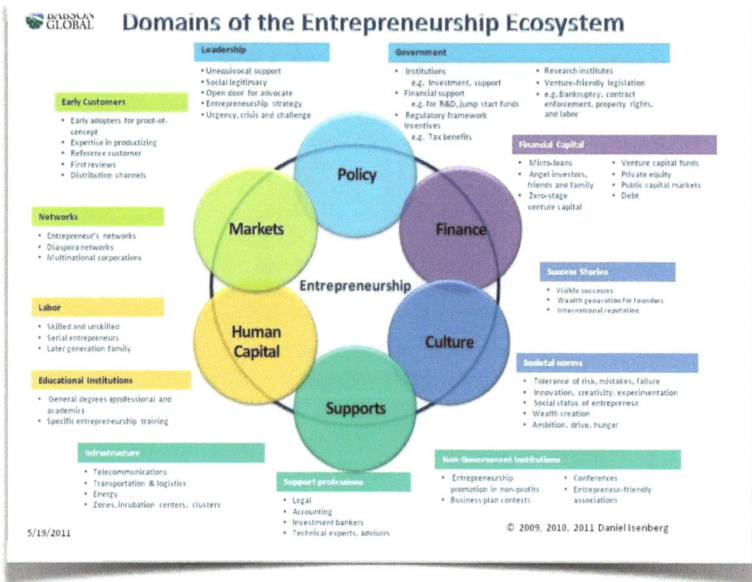

Fig. 13 .- Representación gráfica del Ecosistema de emprendimiento (original del MIT, 2011)

Para la creación de un ecosistema empresarial también es necesario implicar en los cambios a las instituciones educativas. En este sentido las **Universidades**

---

[92] ¨Como iniciar la revolución del emprendimiento¨Daniel Isemberg (2011) http://es.scribd.com/doc/71507706/La-revolucion-del-Emprendimiento-Isemberg#scribd

juegan un extraordinario papel. Su orientación hacia el emprendimiento, especialmente las ligadas al desarrollo tecnológico, aunque no solo ellas, también es muy conveniente.

El MIT ha editado un estudio para estudiar caso a caso las Universidades más exitosas en el mundo en la generación de un ecosistema de emprendimiento [93] que podemos leer para profundizar mucho más al respecto.

Ha llegado la hora de la acción. Oímos muchos discursos y palpamos pocas realidades.

"La manera de empezar es dejar de hablar y comenzar a hacer." Walt Disney, co-fundador de la compañía de Walt Disney.

---

[93] "Creating university-based entrepreneurial ecosystems evidence from emerging world leaders" Dr. Ruth Graham (2014) http://www.rhgraham.org/RHG/Recent_publications_files/MIT%3ASkoltech%20entrepreneurial%20ecosystems%20report%202014%20_1.pdf

Capítulo 15
Hablamos de Tendencias en Innovación

Ser capaces de mirar a las tendencias actuales y ver dónde vamos a ir avanzando es una interesante y sugerente ejercicio. Nos puede dar una ventaja competitiva muy necesaria para moverse por delante del resto. Pero a su vez tenemos que ser prudentes. Las tendencias tecnológicas también son muy cambiantes y frágiles. Nadie era capaz de prever en el año 2007 que el diseño de los teléfonos móviles iba a ser de pantalla táctil y totalmente inteligentes. ese es un ejemplo que podemos ampliar con el ejemplo de las redes sociales y la mensajería y el papel que ocupa ya en el mercado y en nuestra vida en general.

1.- Caminar hacia la innovación en todas las empresas y organizaciones
Es la tendencia que ya se está dando con mayor frecuencia en el mundo.
La mayoría de las personas han leído acerca de la innovación, han oído hablar de innovación y tal vez incluso han tratado de ser innovadores. Pero pocos entienden qué es exactamente la innovación. Nos encontramos de la paradoja de que con toda naturalidad las administraciones y los gobiernos en America Latina ponen en manos de funcionarios de la administración los sistemas de apoyo al emprendimiento y a la innovación. Ejemplos hay muchos de ello. Y sería más que conveniente que al frente de estos importantes departamentos estratégicos pusieran al menos a gente que hubiera pasado por este estadio. Haber innovado o haber emprendido , debería constar en el curriculum de estos administradores públicos en los que reside algo tan importante como es la gestión estrategia del apoyo a los ecosistemas de innovación. Las organizaciones están empezando a reconocer que la innovación no es el resultado de un genio solitario; sino que es un proceso de colaboración donde la gente de diferentes partes de la organización contribuyen a la creación e implementación de nuevas ideas como hemos dicho ya en repetidos capítulos de este libro.

Las organizaciones más grandes ahora se empiezan a crear planes estratégicos que incluyen la innovación como uno de sus imperativos estratégicos clave. Este es el requisito para comenzar a funcionar el motor de la innovación. Ahora sabemos bien que los innovadores y emprendedores tienen en su ADN un gen especial para generar innovación. No necesitan siquiera planificar hacerlo.

Las organizaciones y especialmente los emprendedores que se centran en la estrategia de la innovación están empezando a darse cuenta de que su crecimiento será mejor si se centran en los objetivos a largo plazo de la innovación y la orientación al cliente. El problema que hemos detectado es que las organizaciones a medida que crecen y se hacen más grandes van burocratizándose y llevando un camino distinto al de la innovación. Se vuelven más obsesivos por cumplir las normas , los procedimientos y las reglas para mantener el control y ello les lleva a la pérdida de innovación. Es importante implicar en todos los procesos a las innovaciones. Entonces todo el mundo conocerá sus comunicaciones, sus acciones, reacciones, etc., y que están en consonancia los valores y principios ligados a la innovación.

Las organizaciones y las startups en el futuro van a alterar sus prácticas de contratación para garantizar que se contrata el tipo de personal que pueden vivir y asimilar estos valores y principios ligados a la innovación, ya que es imprescindible que se alineen con sus propios principios. A través de estos esfuerzos van a conocer sus valores y principios y con ellos están contribuyendo al fomento de una cultura de la innovación dentro de la organización.

Los emprendedores ya levan en el ADN el tener la innovación como un proceso de colaboración donde la gente de diferentes disciplinas dentro de las organizaciones se unen para generar innovaciones y tomar éstas de la visión a la realidad. Es un trabajo interdisciplinar. El proceso de innovación se enseña y se incorpora a todo, todo el mundo lo hace. Muchas organizaciones comienzan a reservar un tiempo para que su personal dediquen a la innovación. Google y Microsoft hacen esto. Es parte de su cultura. Dedicar tiempo para innovar. Es algo un poco artificial. Los innovadores y emprendedores están sólo en esa clave, en todas las tareas.

En ningún momento de nuestra historia hemos visto tantas generaciones diferentes que trabajan junto a la otra. Afecta a nuestra cultura, a nuestro entorno de trabajo, a nuestras relaciones de trabajo y, en consecuencia, afecta al proceso de innovación. Pero se trata de aprender a realizar las innovaciones en base a las tendencias que se van a ir dando en el futuro.
Con suerte, el conocimiento de estas tendencias le ayudará a mantenerse por delante de sus competidores y le ayudará a contribuir al éxito futuro de su organización.
¿Como harías para innovar en tu empresa o en tu startup? ¿Te atreves?

Basándonos en el análisis de tendencias que hace Brian Solis , las tendencias más importantes , complementarias a la anterior son:
2) Que el Social Media 1.0 tal y como lo conocemos está muerto: Adios al "Egosistema". Llega la experiencia de usuario (UAX).
El que he denominado "Egosistema" , es decir aquel sistema de comunicación que utiliza las redes sociales para hablar de si mismo y sin dialogo con los clientes, está muerto. El egosistema se manifiesta de forma bastante corriente hoy en día en la red. Hablar de si mismo es la cangrena de las redes sociales. Éstas nacieron para escuchar, para dialogar y se han convertido en muchos casos en un dialogo de sordos.
Los medios sociales se convierte en parte de un ecosistema transformado digitalmente en tiempo real y la comercialización de contenidos se hace más sofisticada y la Mobile "Social" se convierte en centro clave para dar forma a la experiencia del usuario en el principio del contacto con la marca o con el producto y la experiencia final. Incluso las propias marcas están añadiendo sistemas de comunicación con el usuario para dialogar con el usuarios antes de sacar al mercado nuevos servicios o nuevos productos. Apple es un ejemplo de ello, Samsung también. Hasta Microsoft está incorporando hace algún tiempo esta tendencia. ¿Como podrías incorporar la experiencia de usuario a tu emprendimiento?

3) El futuro de la búsqueda y del SEM también se encuentra fuera de Google.
Las tendencias de los prescriptores son las que se van a ir generalizando como método de incentivación de ventas.
Más del 88% de los consumidores están influenciados por los comentarios en línea de otros consumidores. La influencia de los llamados prescriptores se está

volviendo clave. Aplicaciones orientadas al turismo como minube.com o Trypadvisor , o en el sector del ecomerce como las recomendaciones de Amazon o del portal Alibaba, son un exponente claro de esta tendencia que no sólo se viene manteniendo en los últimos años , sino que va aumentando. Los recomendados, los prescriptores serán también clasificados por categorías en función del valor que la gente vaya dando a sus recomendaciones. Los clientes también están empezando a hacer búsquedas en sitios como Youtube, Pinterest, Twitter, Instagram y también en aplicaciones directamente. Se va cambiando el reinado de Google. Las nuevas soluciones y el ecomerce tendrá que tenerlo en cuenta. El SEO o el SEM tendrá que replantear su estrategia. ¿Con que innovarías para mejorar el que la gente te encuentre en internet? ¿Te atreves a hacerlo?

4) Las aplicaciones de mensajería se convierten en los nuevos medios sociales. Whatsapp , Line y otras mensajeras van a ir ganando terreno a las redes

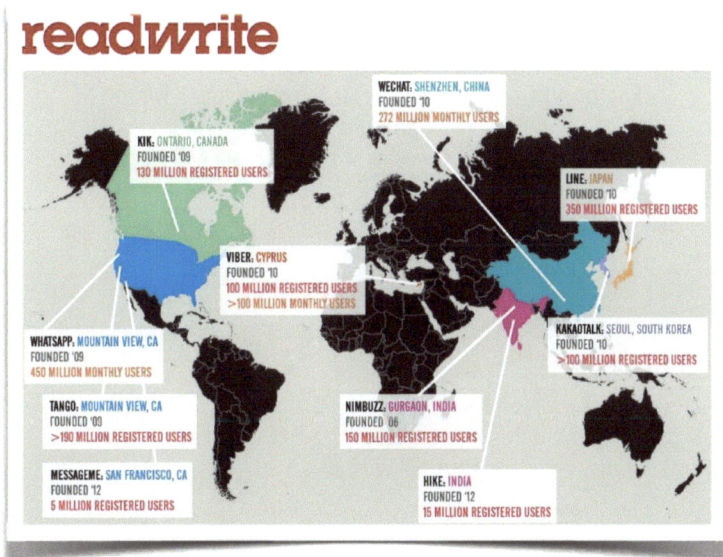

La expansión de las redes de mensajería en el mundo , según Readwrite

sociales "tradicionales" (por llamarlas de alguna manera). Asia y otros competidores extranjeros competirán para ganar cuota y empujar hacia adelante la mensajería. Las ventanas de notificación móviles introducen una capa de expansión muy importante favoreciendo el enganche rápido de los usuarios. Aplicaciones provenientes del Sudeste Asiático como Line o Wechat comienzan a ganar cuota de mercado de forma exponencial. ¿Como incluirías la comunicación en tu plan de trabajo a través de la mensajería? ¿Te atreves a innovar?

5) La innovación proveniente de China va a alterar los EE.UU. y el desarrollo de la tecnología. Ya lo hemos dicho anteriormente. Entrarán innovaciones de China (de afuera hacia adentro) y de estados Unidos con China (adentro hacia afuera) . Habrá una mayor interrelación. El ejemplo de AliBaba.com y Alibaba express van a cambiar sustancialmente el ecomerce en el mundo. El mercado de retail lo revolucionaran y hará que los vendedores tradicionales y el mercado de la distribución cambie. Que tiemble Amazon. "Nada volverá a ser igual en el mercado de la distribución tras la llegada de Alibaba Express" dicen los expertos en el mercado de la distribución. Quedan solo unos años para este cambio. Si has pensado en tu negocio de ecomerce.. ¿Como podrías innovar teniendo en cuenta esta tendencia emergente? ¿Te atreves?

6) El Internet de todas las Cosas es una tendencia creciente. El número de dispositivos en Internet superó el número de personas en Internet en 2008, y se estima que alcanzará 50 mil millones en 2020. Se estima que el 5% de los objetos construidos actualmente han incorporado microprocesadores[94]. Ya la tecnología seguirá avanzando hacia lo que se llamará "internet de todas las cosas". Todo

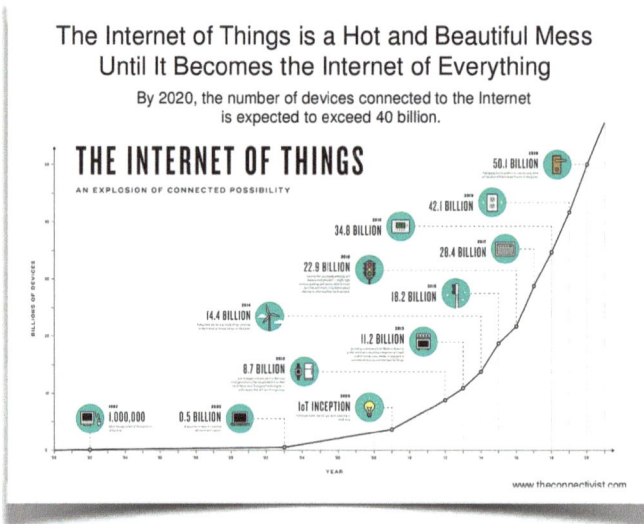

Fig. 14..-La evolución hacia "el internet de todas las cosas" según theconectivist.com

estará conectado dentro y fuera de la casa. El mercado de los sensores y de las interconexiones y sus utilidades para la mejora de la vida diaria será cada vez más bollante. Crecerán las aplicaciones y su utilidad. Las megaciudades y las

---

[94] Vinge, V. ¿Quién teme a pioneros? La Cumbre de la Singularidad, San Francisco, CA, EE.UU., 13-14 de octubre de 2012. Disponible en línea: http://singularitysummit.com/schedule/

ciudades grandes tendrán grandes centros de control que dispondrán de un big-data impresionante que gestionará la información de las emergencias, del trafico, del alumbrado público, de la movilidad intermodal entre todos los sistemas de transporte, de los niveles de polución y de las rutas alternativas para evitar las zonas más contaminadas, de las rutas turiticas inteligentes según los gustos del turista... y un largo etcétera. En 2020, se espera que el número de dispositivos conectados a Internet pueda superar un volumen superior a 40,000 millones de dispositivos. No obstante estamos empezando en este sector. Las smartcities y los Ibeacom van a ayudar a tener una conexión también de las ciudades y los hogares para múltiples aplicaciones: Turismo, tráfico, energías limpias, etc.

A través del **Big Data** vamos a tener disponibles una serie de datos muy útiles para nuestra evaluación y planificación de la actividad que se analiza. Se trata de conectarse en línea, con una aplicación, e ir sumando y analizando las experiencias en las tiendas. También el análisis del Big data abre la puerta a nuevas formas de compromiso.

Y que podemos analizar:
- Las veces que vas a la tienda real, las visitas en línea y tu comportamiento de navegación
- La frecuencia de visitas, los comportamientos y las transacciones que se realizan.
- Las afinidades con la marca.
- Los productos o servicios favoritos de los clientes.
- La demografía de las personas que interactúan: Sexo, edad, nivel de estudios...
- La Localización
- La utilización del Programa de fidelización hacía la marca.
- La calidad del servicio, la lista de espera que tenemos con él y el nivel de abandono.
- La utilización de la planificación realizada, el nivel de cumplimiento, la capacidad de respuesta y los recursos disponibles.

Las balizas de IBeacon (a través de Bluetooh) ofrecen a las empresas un sinfín de oportunidades para recopilar grandes cantidades de datos sin explotar, como el número de visitas al lugar de la baliza y el tiempo de permanencia del cliente en un lugar determinado dentro de un rango de fecha y hora especificada, la hora de mayor actividad durante el día o la semana, el número de personas que caminan por un lugar cada día, etc. Los minoristas pueden entonces hacer mejoras en los productos, asignación de personal en los diferentes departamentos y servicios, optimizar los horarios, ofrecer productos a través del movil según el comportamiento de los clientes y así sucesivamente. ¿Te atreves a diseñar una red de conexiones de sensores y un sistema de comunicación con el ciudadano? ¿En que vertical te atreves a innovar (Turismo, trafico...)?

7) Los Wearables están aqui, aunque tendrán dificultades para encontrar su lugar en la vida cotidiana.

Se espera que el mercado mundial aumentará *a 111,9 millones de unidades de los llamados vestibles en 2018*, lo que resulta en una tasa de crecimiento anual del 78,4 por ciento en 5 años de forma continuada. Lo cual puede hacer que se llegue a una cifra estimada de 30,000 millones de dólares en 2018 (24,000 millones de €).

"Los accesorios complejos han logrado llamar el interés de muchas marcas y la atención a un mercado de los vestibles (que ha tenido algunas dificultades al inicio) ha ido ganando terreno". "El aumento de las informaciones al respecto ha llevado a más vendedores a anunciar sus intenciones de entrar en este mercado. Más importante aún, según un estudio de IDG es que los usuarios finales se han calentado para adquirirlos a medida que mejoraban su simplicidad en términos de diseño y funcionalidad, por que así entendieron mejor su valor, haciéndo más fácil de entender su funcionamiento y su uso."

Si bien la tecnología portátil aún no ha alcanzado los niveles de adopción de accesorios complejos, el informe también proyecta accesorios que irán en crecimiento en dos segmentos: los accesorios inteligentes y los vestibles inteligentes (tales como los smartwatch o las Google Glass -aunque estas últimas tendrán más bien unos usos mucho más de ámbito profesional como la medicina, la salud, las emergencias, etc). Aún falta conectividad y funcionalidad en éstas ultimas , pero pronto veremos también mejoras importantes. IDC dijo que el crecimiento podría superar incluso esas cifras que hemos mencionado a medida que las grandes marcas (Samsumg o Apple) mejoraran su oferta de dispositivos o de aplicaciones. Serían como un efecto tractor sobre el resto de dispositivos o marcas.

Lo que es relatado por todos los estudios de mercado es que los Dispositivos informáticos portátiles tienen beneficios potenciales para cualquier entorno en el que se desee proporcionar información o comunicación, y el uso de una interfaz de manos libres se considera beneficiosa y en muchos casos esencial

El proyecto OSIRIS controla 5 constantes vitales del paciente (EEG, Presión arterial...) las 24 horas del día y los 365 días del año.

(EHealth, Seguridad, Automoviles, etc) . Además de los productos de consumo, muchas aplicaciones específicas de la industria en los mercados, como la defensa, la asistencia sanitaria, la industria manufacturera y la minería también están surgiendo en este campo. La posibilidad de llevar encima los dispositivos incorporados de forma natural , en la muñeca (por ejemplo) va a transformar muchos mercados de consumo y de consumo global y en formas inimaginables en este momento. Sin embargo, el mercado es tan nuevo y en rápida evolución que la predicción precisa del mercado es difícil. Por eso tenemos que estudiar diversos estudios y fuentes de prestigiosas investigaciones. Lo que se constata es una mayor lentitud a la prevista en la adopción de esta tecnología en los primeros momentos.

También según PRNewswire hay diferentes estimaciones del mercado sobre el volumen de negocio de los wearables que se expresan en la siguiente tabla según las fuentes de donde provengan y la credibilidad de cada una. En cualquier caso como vemos en la curva de tendencia todos expresan un avance exponencial de este mercado. Las ventas y sobre todo la capacidad para generar aplicaciones concretas a campos muy diversos como la salud y el deporte o las emergencias ayudarán en la misma. Ya hay equipos y selecciones deportivas que están incorporando prendas inteligentes a sus rutinas de entrenamiento y en partidos oficiales para estudiar los cambios en la salud de los deportistas en la alta competición. Y que decir de las pruebas y reactivos que están investigando en este momento para el control de la diabetes con un microchip de grapheno a través del sudor, una lente de contacto para controlar la diabetes que investiga Google. O por ejemplo el proyecto Osiris que conlleva u nuevo sistema de control telepático a través de conectividad 3G que está desarrollando la startup Global InDevices[95] con Cortrium de control a distancia de 5 variables y constantes vitales (presión arterial, ritmo cardíaco, Electrocardiograma, Temperatura y nivel de oxigeno en sangre) que se monotipia a través de un dispositivo y que da al usuario varios niveles de servicio en función del nivel de respuesta de éste.

Parece claro que la llamada ¨**Revolución de los Wearables**¨ va a crear un mercado que se mide en miles de millones de dólares. Según los cálculos realizados por la revista de inversión americana Market Watch, el mercado crecerá en este sector enormemente. Según los argumentos de su columnista Willard : "Vamos a suponer que el mercado Wearables crece de sus cifras de ventas de unidades actuales que ya suponen decenas de millones de dólares y ligándolos a la existencia de un solo portátil en referencia a todos los teléfonos inteligentes vendidos (1,000 Millones de unidades vendidas cada año). A un precio promedio de sólo $ 200 cada uno (que es, probablemente, en el extremo inferior por ahora del coste de estos dispositivos, aunque por el momento las cámaras y sensores portátiles y smartwatches son moneda corriente, el precio medio de venta de cada unidad se reducirá rápidamente conforme se vayan extendiendo), estamos hablando unos 200 dólares por unidad , y se pueden vender mil millones de unidades , lo que implicaría un mercado de 200,000 millones de dólares en ventas de sólo dispositivos wearables. A eso hay que añadirle el 50% -75% más del coste de los bienes añadidos de cada uno de estos dispositivos, es decir, hablamos de otra cantidad que superará los 100 mil millones dólares para la cadena de suministro de wearables, en los próximos 5 años. Una gran oportunidad para innovar en este sector.

No obstante hay datos que también animan a la prudencia. Si bien es un negocio bonito y aparentemente floreciente, que estimula a los clientes a llevar relojes

---

[95]Proyecto Osiris: http://globalindevices.com/es/acuerdo-entre-gobal-indevices-y-cortrium-para-innovar-en-el-control-cardiologico/

en las muñecas, collares en el cuello o anillos inteligentes en los dedos, o camisetas con sensores que nos miden la temperatura y los latidos, aún los vestibles (como una industria y como mercado) son muy inmaduros. El reloj de Apple comenzará a crear una marea creciente. Será lo que "abra la lata" de este nuevo mercado y sólo acaba de comenzar. Los Wearables están por todas las ferias, pero la mayoría son propósitos, muchos de ellos redundantes, bonitos en algunos casos y en otros simplemente inútiles. Necesitan una aplicación muy clara, muy practica para mejorar la salud , por ejemplo y no sólo con aplica-

Fig. 15.Previsiones de 5 años ventas sector Smartwatch/Wearables

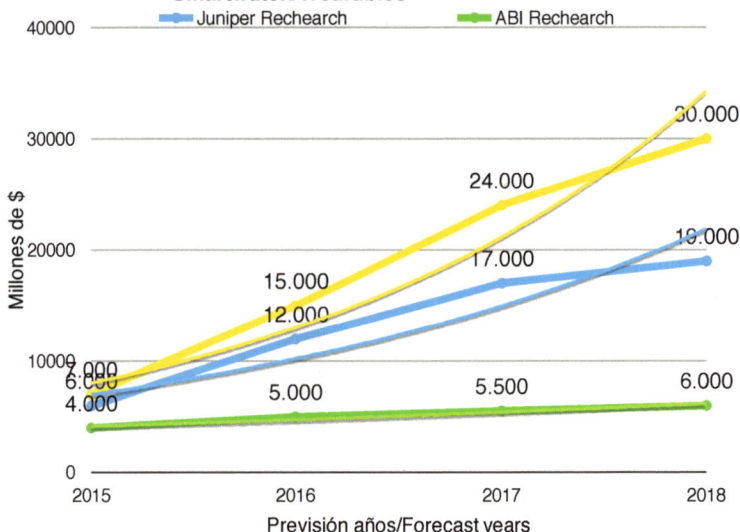

ciones poco contrastadas medicamento para medir (como hay ahora) el volumen de oxígeno en sangre, o los latidos cardiacos, bajo los estándares de las normativas de la FDA o de las autoridades europeas en materia de apps. Se abre un mercado extraordinario para ellos pero necesita aún mucha investigación. después será un mercado floreciente. Llegará a los 19,000 millones de dólares de negocio en el año 2019 según IDG, y Credit Suisse. Hay mucha posibilidades , pero..¿te atreverías a innovar en el? Si es así ..¿Cómo?

8) La realidad virtual y la realidad aumentada está llegando ahora.
Hace años que la experimentación del mundo de los videojuegos está llegando a la realidad virtual. También la realidad aumentada ha irrumpido de forma lenta en estos años, pero sin duda ha de romper en el mercado cuanto que haya una aplicación que sea capaz de abrir brecha por ser de una gran utilidad general. Iran apareciendo verticales en el sector turistico, en el de salud y en el de la formación.
En 2015, las Google Glass han conseguido que se haga un reseteo. Nos esperan grandes momentos para ellas , estoy seguro. Aunquee también conviene un poco de prudencia.

Este 2015 representa la introducción de los consumidores de Oculus Rift y de otros dispositivos de realidad virtual que irán apareciendo progresivamente. Las Industrias verticales, junto con los jugadores de videojuegos podrán impulsar la adopción temprana a partir de las plataformas de videoconsolas.

La aparición de Google Cardboard por un precio muy asequible y las aplicaciones que van a ir asociadas también hacen muy prometedor este sector. Microsoft contraataca con Microsoft VR Kit , las apps que vayan apareciendo irán consolidando una tecnología u otra.

Plantéate como podrías innovar en este campo... ¿Te atreves?

9) Centrarse en los niños y en los jóvenes es una buena estrategia desde el punto de vista digital. Conviene conocer bien estas generaciones para plantear una buena estrategiaa de marketing con ellos. La llamada "Generación Z" es móvil. Ellos adoptan el primer y único móvil. Piensan en 4D. Todo lo hacen a través de la pantalla. Al menos interactúan con 5 pantallas. están muy enfocados al futuro y hacia el éxito. Su forma fundamental de la comunicación es la imagen (más que el texto) de ahí el triunfo de las aplicaciones que tienen en las fotos o en el video su principal forma de comunicación. Son gente comprometída y activistas sociales. Los Millennials en cambio son muy distintos . No trabajan con tantas pantallas y cambian de dispositivos móviles con frecuencia. Piensan en 3D. Son radicalmente transparentes, lo comparten todo y en todo momento. Su vida está en las redes. Son optimistas y orientados al equipo. Son más tolerantes. están más enfocados al aquí y ahora. están descubriendo continuamente: Son experimentadores natos.

Orientar los servicios y productos teniendo en cuenta estas características puede ser muy útil para el enfoque de nuevas oportunidades. Según la profesora Cathy N. Davidson , de la Universidad de Duke (EEUU), el 65% de los niños que empiezan la escuela este año acabarán trabajando en empleos que aún no han sido inventados. Un dato que nos dice bien a las claras lo incierto de esta nueva era.

¿Cómo podrías llegar a estas generaciones de una forma más fácil pensando en tu emprendimiento?

10) Youtube, Vine, Periscope, Instagram, Snapchat, y próximamente Facebook , representan "un nuevo Hollywood virtual".

El fenómeno de los Youtubers es algo que está marcando una fuerte tendencia en el mundo. Jóvenes, muy jóvenes están revolucionando el mundo de la imagen y del video. Millones de visualizaciones de videos hace que este sector que comenzó para muchos de ellos como un pasatiempo se ha convertido en una lucrativa profesión o , cuanto menos, en una buena forma de ganarse la vida. Google ha habilitado en Londres y en Los Angeles un espacio específico para la crección, producción y desarrollo de los youtubers más famosos del mundo. Una autentica industria que aporta a Google buenos ingresos y para los creadores también.

Las incursiones de Twitter y de Facebook en el mundo del video también ha revolucionado este sector , aunque en menor medida que YouTube. Conocedores de sus debilidades y de sus fortalezas Twitter a través de su red ha comprado la aplicación periscope.com para transmitir en directo acontecimientos de sus usuarios de forma geolocalizada y conectada con el timeline de twitter. La red de Periscopios cada vez es mayor.

Facebook además de comprar instagram (desde donde se puede compartir videos), ha desarrollado una herramienta (aún experimental) que saldrá al mercado para los usuarios de su red social. Facebook en directo es una herramienta muy potente que pronto comenzará a competir con YouTube. Pronto los Facebookers tomarán la red en directo. La red social de Zuckerberg es ya desde donde se visualizan más videos en el mundo. Los 1,000 millones de usuarios que la usan diariamente cuelgan cada vez más sus videos en ella. Todo ello obligará a un reenfoque del sector audiovisual.
¿Te atreves a dar un paso e innovar con el nuevo Hollywood?

11.- La revolución del mercado de la Televisión
A todo lo anterior hemos de sumar los cambios del sector de contenidos y de la forma de consumirlos. A la progresiva miniaturización de las pantallas (TV,PC, Portátil, Movil, Smartwatch, gafas...) va a seguir un cambio por la llegada de las pantallas interactivas de Televisión.
Apple y Google trabajan ya en su nuevo modelo de Televisión. Por ello hay una oportunidad en la realización de apps que se accionarán con la voz para navegar en la Televisión y éstas a su vez intercalarán con nuestro móvil. El mundo de la publicidad se revolucionará con estas nuevas aplicaciones inteligentes que llegarán en 3D, serán ubicuas e interactivas con el usuario, integrando las redes sociales en ellas. La formación, la televisión tradicional, la medicina, los periódicos tradicionales, todos evolucionarán hacia este canal más pronto que tarde.
El contenido será el Rey, pero el ecosistema de interacción será la Reina en los próximos años, y como buena Reina revolucionará los contenidos y el mercado de la publicidad con la interactividad. Podrá comprar desde tu movil en tiempo real cualquier producto que estés viendo en la televisión.
¿Que harías para innovar en este campo?

12) La seguridad cibernética se convierte en un sector fundamental . Para
el mundo en general este tema es clave para evitar que se produzca el próximo #Sonygate. Otros ejemplos como el que protagonizó Julian Assange con el caso Wikileaks desvelando los miles de emails de todos los gobiernos también puso encima de la mesa la agenda de la ciberseguridad. Son cada vez mayores los rumores de espionaje entre los gobiernos. Las empresas emplean cada vez más recursos a ello. este es un buen sector para avanzar y que generará multitud de oportunidades y de nuevas posibilidades en el mundo de las telecomunicaciones y del software.
Nada crea un sentido de urgencia como una emergencia que se crea de forma repetida e insistente. Este debate de la ciberseguridad a veces se confunde con el tema de la libertad en internet y la neutralidad en la red. Algunas empresas siguen siendo codiciosas y creen que Internet no debe estar abierto en aras de la rentabilidad. Esto impedirá la innovación. El debate sobre la regulación de Internet conlleva el que se vaya avanzando hacia la desigualdad en el acceso a la red, dificultando por tanto el acceso al conocimiento. Acabaremos exigiendo a todo el mundo un servicio premium. Y esto dificultará la promoción del talento, el descubrimiento de nuevos talentos en cualquier parte del mundo. Un empresario filántropo de San Francisco me hizo reflexionar en un almuerzo sobre...lo que hubiera sido del mundo si Steve Jobs hubiera nacido en Burkina Faso... Sin libertad en la red, sin acceso libre al conocimiento podemos perder muchas de las cosas buenas que pueden pasar en el mundo.

¿Crees que se puede innovar en ciberseguridad? ¿Cómo innovarías?

13) Los servicios de streaming de música continuarán socavando el negocio tradicional de la música y el arte. Los artistas están defendiéndose de lo que se les está viniendo encima. No se han alineado hacia las nuevas posibilidades tecnológicas.

Los servicios de streaming facilitan a los consumidores la búsqueda de su música favorita y los juegos de forma gratuita. Las ventas de música continúan en caída libre. Los artistas sienten que están mal pagados por sus obras, pero no hay una nueva revolución de modelos de negocio.

En cambio Spotify, Pandora y similares comparan sus modelos de pago con las emisoras de radio.

Artistas como Taylor Swift, Garth Brooks, ACDC, y otros, creen que el arte tiene que apreciarse más hoy, a pesar de que su número se seguidores y de visualizaciones de sus obras está a años luz de lo que era antes.

Los servicios de streaming hacen que la gente pueda escuchar lo que le gusta, pero a la vez abren el mercado para comprar lo que también pueden desear. Este también es un buen camino para la innovación y las oportunidades.

¿Crees que hay oportunidades nuevas para ti? ¿Te atreves?

14) La innovación se acelera porque las ideas se comparten ... en todas partes.

Todo está sujeto a la destrucción creativa porque las ideas se pueden ahora compartir. Cada producto. Cada industria. La innovación se democratizó. Cada vez que generamos una innovación, una buena idea, ideamos un nuevo negocio sabemos que puede ser compartido y por tanto acelerado. Pero ojo hay que tener cuidado con las patentes. Cualquier nuevo invento hay que llevarlo al registro de patentes tan rápido como puedas, corres el riesgo de que alguien se apodere de él y le saque el verdadero partido en royalties. El tiempo es clave.

¿Como compartirías tus innovaciones? ¿Las registrarias antes?

15) La puesta en marcha del dinero virtual: Ya sabemos que el mercado de divisas tiene bastantes puntos débiles. Hemos vivido como la crisis económica de finales de finales de la primera década del siglo XXI nos ha dejado al descubierto la fragilidad de las monedas. El Euro, el Yuang, el Yen...Pero en esta época apareció Bitcoin. Apareció en otras "criptomonedas" que nos han enseñado a pensar de forma diferente con las monedas. Según diversas publicaciones hoy en día ya hay 163 cryptomonedas en circulación. Bitcoin es el más ampliamente conocido. Ya tiene cajeros automáticos que dispensan Bitcoin (uno de ellos instalado en el Hacker Dojo en Mountain View. Pero aunque su capitalización en el mercado se ha reducido, parece que puede reactivarse nuevamente. Esta nueva concepción de las cryptomonedas abre también muchas oportunidades de negocio futuro. ¿Te atreves a innovar en este campo?

16) Los pagos con móviles pronto serán una gran tendencia.

A finales de 2013, sólo el 6% de los adultos estadounidenses dijeron que habían hecho un pago en una tienda con un scanner o tocando su smartphone en un terminal de pago. Irá hasta un 8% este año. Las tarjetas NFC introducidas en el movil, o en los propios smartwatches facilitarán mucho el mismo. La introducción del sistema de pago de Apple será el factor clave que impulsará este porcentaje hasta cifras superiores.

Los pagos móviles ya están ganando tracción en determinados espacios y en determinadas ciudades. Casi el 15% de los clientes de Starbucks ya pagan con sus teléfonos. Y, 60% de los consumidores utilizan sus teléfonos inteligentes para pagar por los beneficios de fidelidad con las marcas, una buena forma de introducir los pagos y eliminar reticencias. En este sentido se abre también unas extraordinarias posibilidades. El ahorro en el uso de tarjetas, comisiones, etc. puede ayudar a generalizar su uso, más allá de los problemas de seguridad que han mostrado hasta ahora. Ahí también radica una buena oportunidad. Un negocio en el que va a orientarse muchas de las inversiones futuras ¿Te atreves a innovar en él?

17) La llamada economía compartida. Muchos servicios están apareciendo en este sentido, en España por ejemplo Bablacar, para compartir trayectos en el automóvil y optimizar así los desplazamientos, ahorrar combustible, y por lo tanto contaminar menos es un buen ejemplo de ello. A pesar de ello las corporaciones de las profesiones más antiguas han declarado la guerra a esta economía compartida que pone patas arriba la forma de concebir los negocios del siglo pasado. Airbnb también es un ejemplo con respecto a los alojamientos. Las aplicaciones se crean para generar una oferta disponible y bajo demanda del usuario se organizará una atención de la necesidad del usuarios compartida con otros usuarios o con el propio proveedor. La nueva oferta estimulará nueva demanda. Las plataformas móviles combinadas con la geolocalización posibilitarán unir a la gente y a los empresarios desde cualquier lugar y en cualquier momento , basando en la confianza el servicio y con una red de recomendaciones que soporten la idoneidad de la elección de este servicio y no otro. "La tecnología ha hecho que alquilar cosas (incluso en tiempo real) es tan simple como hacer la compra de la tienda hace una década" , dice Fred Wilson. ¿Como podrías innovar? ¿Se te ocurre algún emprendimiento nuevo?

18.- Los drones , una industria emergente.

De acuerdo con datos de CB Insights, 2014 las inversiones en la industria de aviones no tripulados en ciernes inviertieron 108 Millones de dólares a través de 29 ofertas. Año tras año la financiación de las empresas de Capital Riesgo aumentó 104% en las empresas que saltaron al espacio drone, con apuestas considerables. Aún así, hay quien cuestiona si este era el momento adecuado para invertir, por los cuellos de botella que aún tienen las distintas legislaciones. La incertidumbre regulatoria ha mantenido a muchos al margen.

Las normas de los dones deberían crear un entorno empresarial propicio que estimule el crecimiento de la actividad del sector privado en la fabricación y el funcionamiento de los pequeños Drones. En España por ejemplo ya hay 100 licencias para pilotar drones. este es un espacio para que haya muchas más.

Los drones, una buena oportunidad de negocio para emprendedores

Digamos que este sector tiene cuatro mercados potenciales: la fotografía y el video aéreo , la agricultura de precisión, el mareo y la topografía, la seguridad pública para emergencias, la búsqueda y aplicación de rescates y la inspección de obra civil como por ejemplo puentes. Un campo por explorar. ¿Has pensado que puedes hacer con los drones? ¿Te atreves a innovar?

19.- Las impresoras 3D:
Hay quien habla de la nueva revolución industrial con su llegada, una etapa similar a la máquina de vapor. Aunque se inventó en 1986 por Charles Chuck Hull, no ha sido hasta estos años cuando se ha perfeccionado y será una de las innovaciones que tenga más impacto en la economía global y en nuestro hogares según todos los estudios en la materia. Hay dos vertientes de esta tendencia, la llamada industrial: revolucionará la industria en todos los sentidos porque permitirá diseñar piezas y fabricarlas a medida, dejando a un lado las cadenas de montaje, por ejemplo en la industria del automóvil en lo referente a los repuestos; o en la medicina con la impresión de portéiss de titanio para poder implantarlos en el cuerpo humano y hacerlo a medida, y en un futuro hasta la piel para su transplante. La clave de muchas empresas será que dejarán de fabricas algunas de las cosas que fabrican hoy centrándose sobre todo en vender el diseño, no el producto. La otra vertiente es la impresión doméstica que cambiará también buena parte de lo que hoy hay desarrollado en el ecomerce. Bajaremos los diseños de internet o los escanearemos y produciremos nuestros propios objetos según nuestro gusto y nuestro propio diseño costumizado. Hay entrarán todo tipo de objetos como muebles, ropa, zapatos, objetos de decoración, vajillas, cristalerías, etc. Ahora podemos ya ver como se están empleando incluso en la cocina este tipo de impresoras para diseñar pasteles, galletas u otro plato ligado a la repostería. Pronto se dará el salto a la cocina de

fusión. Estas impresoras están motivando a mucha gente a ser creativa. Cualquiera puede diseñar un prototipo y en muy poco tiempo tienes un producto sin tener que pedirlo y puedes rectificarlo si contiene algún error. Un universo de posibilidades para el emprendimiento y para idear nuevos negocios. Hasta la NASA está utilizándolas en la estación espacial para hacer piezas de repuesto que se han estropeado. Los materiales de impresión se venderán con la impresora 3D a precios que rondarán los 1200 €uros todo el paquete completo. Ya hay más de 100 materiales disponibles para estas impresoras según la industria. A esta forma de trabajar, se añadirá también los servicios de impresión en la nube, como ya tiene HP para la impresión normal. Ya te pueden enviar a tu casa el presupuesto y el producto que quieres imprimir. Proliferarán las tiendas de 3D donde buscaremos nuestro producto y nuestro diseño en 3D. Es hora de lanzarse a este apasionante campo. ¿Te atreves a innovar?

20.- La robótica

Los robots que habían estado principalmente en fábricas se están transformando. Se les están incorporando funcionalidades como pensar más rápido, se adaptan a situaciones cambiantes y tienen un tacto más suave.

Estas mejoras están ayudando a impulsar la demanda. De hecho, se espera que la población mundial de robots industriales doblará la actual hasta llegar a cerca de cuatro millones en 2020, cambiando el panorama de la competencia en docenas de campos - por ejemplo en la minería subterránea, en los bienes de consumo, en la medicina y en la fabricación aeroespacial. Los Robots permitirán a más fabricantes que producen a nivel local aumentar la productividad con una plantilla diseñada ya de antemano y basada en el conocimiento.

Estos cambios tienen profundas implicaciones para millones de trabajadores de todo el mundo y miles de empresas. Las fabricación será propensa a cambiar sustancialmente, y los nuevos modelos de negocio emergerán para ayudar a los innovadores a aprovechar nuevas oportunidades y generarán perturbaciones y terremotos económicos en las industrias tradicionales.

Los robots son más baratos, más seguros, y más inteligentes y autónomos.

Los robots reemplazarán a algunas personas que ahora realizan el trabajo manual. Pero también habrá que exigir a las empresas grandes y pequeñas que emplean a miles de trabajadores con habilidades en análisis, programación, integración de sistemas y diseño de interacción. Los trabajadores ambiciosos especialmente aquellos con acceso a la formación para reconvertirse obtendrán nuevas perspectivas y nuevas oportunidades de contribuir. El resto si no lo hace lo pasará mal. Así es que el camino está marcado.

Los robots pueden hacer algunas cosas mejor y más rápido de lo que podemos hacer los seres humanos, pero nunca van a sustituir por completo las perspectivas o juicios humanos. Ellos simplemente hacen tareas basadas en las matemáticas, a veces hacen solos tareas rutinarias y a veces con un miembro del equipo de primera línea.

"Dentro de veinte años, estarás más decepcionado por las cosas que no hiciste que por las que hiciste, así que suelta las amarras, navegar lejos del puerto seguro, coger los vientos alisios en tus velas. Explora, sueña, descubre." Mark Twain

Capítulo 16

A modo de conclusiones

Llegados al final del libro podemos ver cómo es posible plantearte como herramientas concretas el cómo puedes innovar o emprender. Es una tarea apasionante, e ilusionan. No es nada fácil. Pero primero has de salir de tu zona de confort, aquí encuentras muchas pautas para ello. Hay muchos ejemplos que te pueden llevar a visualizar cómo gente como tú o incluso con menos herramientas y posibilidades ha llegado a iniciar esta aventura no muriendo en el intento. En el Silicon Valley hemos podido ver que las cosas funcionan de forma más sencilla de lo que parece. El lugar desde el que se ha cambiado el mundo y desde el que se va a cambiar en los próximos años nos sirve de experiencia, desde mi propia inmersión en él, para trasladar muchas de las cosas que allí funcionan: Una red de contactos relacionados con la innovación, con los inversores , con equipos de investigación de Universidades Públicas y privadas y con los expertos en nuevos modelos de negocios.

Hemos visto los retos que hemos de afrontar colectivamente. Especialmente cómo los gobiernos, las empresas, las organizaciones sociales en general han de afrontar un cambio de modelo a partir de los cambios que se pueden estar produciendo en el mundo. Los ecosistemas de innovación para crearse tienen una serie de reglas y procesos que hay que implementar. Hemos visto que en general no se puede emular la realidad del Silicon Valley, ni la de Israel o Corea. America Latina tiene una serie de potencialidades en cuanto al talento y a su emergente situación en temas de emprendimiento. Para entender el cambio que allí es necesario es fundamental partir de la realidad que describimos en cuanto a la universidad, a las empresas, a la pobreza y al nivel del emergente movimiento innovador en países como Chile, Mexico, Colombia, Panamá...

Hemos visto la necesidad de cambiar los sistemas educativos y cómo la Universidad también tiene que dar un extraordinario paso hacia la generación de patentes, hacía la innovación, hacia el emprendimiento de nuevos modelos de negocios, y sólo así se podrá atraer inversión. Ejemplos como la Kahn Academy o Coursera desmontan muchos mitos sobre la educación actual. Sumatra Mitra lo ha llevado incluso a barrios marginales y a ciudades con menos posibilidades. Luego es muy posible el cambio. Y lo que es más importante , es muy urgente.

Los modelos de aceleradoras que están proliferando por el mundo son un buen método para implementar ecosistemas de innovación. Hemos visto los distintos tipos y los apoyos que pueden recibir las emprendedoras. Tenemos ejemplos concretos de las mejores del mundo. Su identificación y localización pueden hacer más fácil la búsqueda de un modelo concreto para el lugar donde podamos planear crear una de ellas. La colaboración público privada es imprescindible en la innovación en general y esencial en la innovación social.

La innovación social es también una herramienta muy importante de la innovación. A veces se confunde, pero describimos pormenorizadamente los procesos y el marco. Crear un entorno favorable, desarrollar procesos de creatividad, que sondan de las claves de la innovación. Un recorrido por las distintas técnicas existentes nos ayuda a visualizar la que podemos aplicar a nuestra realidad más concreta. Se necesita también cierto expertise en el tema. La creatividad y el pensamiento divergente son claves en los procesos de innovación.

Salir de la zona de confort es uno de los ejercicios más difíciles que proponemos en el libro. Para ello requerimos un ejercicio sencillo, pero a la vez costoso de inteligencia emocional para saber exactamente cuales son los factores que propician una situación acomodaticia. A partir de ahí describimos como trabajar salir de esa zona para obtener una gran satisfacción. Combinarlo con la superación del miedo al fracaso y abrazar de una vez por todas cierta cultura del riesgo nos sumergiría en un torrente emocional de cambio donde suceden cosas maravillosas.

La creación de comunidad es algo formulado teóricamente como necesario para la innovación y el emprendimiento y muy pocas veces se consigue más allá de formalistas formulaciones que no son más que "aparentes". La comunidad de proyectos, de clientes, de emprendedores e innovadores tiene que formar parte del proceso de innovación. La cultura individualista propia del sistema capitalista de años anteriores a la llegada de las redes sociales.

La nueva cultura de Internet, aquella que parte del sufijo ¨Co¨ para definir buena parte de la nueva cultura de la innovación y que tiene un marcado carácter social. Compartir la información y el conocimiento, la corresponsabilidad, la co-creación, y la comunicación son algunas de las características esenciales de la innovación.

Los procesos de social mentoring también se vuelven claves en la generación de innovaciones y emprendimientos. El *social mentoring* es un sistema de apoyo, y también de aprendizaje personal, por el que una persona ofrece a otros su experiencia y asesoramiento en procesos que ya ha vivido y de los cuáles ha sacado **un conocimiento que puede transmitir**, que beneficiará al otro y le enriquecerá a el mismo. El mentor cualificado se los ofrece a otra persona que quiere emprender y no tiene experiencia en ello. Para llevarlo a cabo se establece una **relación personalizada, horizontal**, a través de la cual se **invertirá un tiempo**, se **compartirá un conocimiento** y se **dedicará el esfuerzo** para que el *mentorizado*, promotor de un Proyecto de Innovación Social, disponga de **nuevas perspectivas, enriquezca su forma de pensar** y **desarrolle todo su potencial** como persona y como profesional, lo que redundará en la mejora del proyecto en cuestión. En Europa, en Estado Unidos hay muchas redes de mentores que describimos de forma pormenorizada.

Para los planificadores de políticas públicas es importante saber que el ecosistema de innovación que pretendamos crear tiene que **tener ambición** , construirse a gran escala, pensando en el mercado global. Ha de establecerse con un **potencial de crecimiento** facilitando a los emprendedores el crecimiento personal y el de su empresa, favoreciendo el acceso de talento, de inversiones, y la formación en modelos de negocio,con un importante **compromiso de todas las partes**, que sus ganancias vayan reinvirtiéndolas en nuevos proyectos. La creación de procesos de aceleración, de una **red de Business Angels o de Venture capital** es fundamental, así como un sistema de **mentorización**. Mercados y oportunidades , políticas y estrategia de emprendimiento, estructura de finanzas y de apoyo para la financiación, cultura de emprendimiento y normas asociadas, ayudas profesionales multidisciplinares, capital humano de la empresa son algunos de los factores más importantes a tener en cuenta para crear las condiciones para el emprendimiento.

En este sentido hacemos un acercamiento a las distintas oportunidades que hay en el mundo globalizado. Las 19 tendencias que presentamos nos ponen en el camino de las oportunidades para hacer innovaciones y lograr emprender. No tener miedo al fracaso es esencial.

La intrainnovación es y será una tendencia constante. La empresas tendrán que reinventarse en el futuro. Es una constante. La llegada de la tecnología lo hace muy necesario. Crear herramientas de capacitación y formación para ello es una de las claves.

Entramos en una etapa de comunicación real 2.0. Los medios sociales se convierten en parte de un ecosistema transformado digitalmente en tiempo real y la comercialización de contenidos se hace más sofisticada y la Mobile "Social" se convierte en centro clave para dar forma a la experiencia del usuario en el principio del contacto con la marca o con el producto y la experiencia final. El EGOsistema de las redes sociales se transformará.

Además las redes sociales perderán impacto en la comunicación pasando a ser las redes de mensajería las reinas del panorama. Ahí habrá muchas oportunidades.

Y los productos y servicios provenientes de China entrarán con más fuerza. La industria de la distribución ha innovado tanto que Alibaba express está cambiando las reglas del juego de todo el retail y el reparto con dones también jugará un papel importante. Quizás crear plataformas inteligentes para el aterrizaje y el despegue de dones podrá ser un buen negocio de futuro.

El Internet de todas las cosas nos llevará a un nuevo ecosistema. El número de dispositivos en Internet superó el número de personas en Internet en 2008, y se estima que alcanzará 50 mil millones en 2020. Se estima que el 5% de los objetos construidos actualmente han incorporado microprocesadores. La investigación, creación e instalación de sensores y de las interconexiones y sus utilidades para la mejora de la vida diaria será cada vez más bollante. Crecerán las aplicacioness y su utilidad. Las megaciudades y las ciudades grandes tendrán grandes centros de control que dispondrán de un bigdata impresionante que gestionará la información de las emergencias, del trafico, del alumbrado público, de la movilidad intermodal entre todos los sistemas de transporte, de los niveles de polución y de las rutas alternativas para evitar las zonas más contaminadas, de las rutas turiticas inteligentes según los gustos del turista... y un largo etcétera. Hay aquí una gran oportunidad en desarrollo de este campo.

Al igual que en el campo de eHealth y de los wearables. Cualquier persona que tenga problemas de salud o simplemente quiera prevenir su aparición va a ser un cliente potencial. Deportistas, cardiópatas, diabéticos, asmáticos, y un largo etcétera desearan tener ayuda a través de estos nuevos dispositivos. Falta por desarrollar nuevos servicios que aporten valor añadido a esta tecnología emergente. Diseño , I+D y software son las líneas de negocio y de emprendimiento. 19,000 millones de dispositivos en el mercado en el año 2019 según las previsiones más pesimistas ayudarán a generar un nuevo mercado.

La realidad virtual y la realidad aumentada es todo un sector por desarrollar. La aparición de nuevas herramientas ayudará al desarrollo de este sector. Además la nueva aparición de los fenómenos Youtubers como creadores, como las nuevas estrellas de Hollywood ayudará también con la expansión combinando estas dos realidades. Esto ligado a los cambios que se van a ir produciendo en el mercado de la televisión con la llegada de la televisión por IP, la televisión interactiva y en 3D , configurada a medida del usuarios y con el mercado de la publicidad integrado nos ayuda a visualizar un gran cúmulo de oportunidades en el sector audiovisual.

Los pagos a través del movil, la identificación personal a través de los propios dispositivos son ya una tendencia emergente. La ciberseguridad también será una de las prioridades generadoras de nuevas tendencias de negocios. El bigdata ayudará también a que miles de profesionales se formen en el análisis de la minería de datos. El análisis de las tendencias , de los gustos del consumidor, de sus comportamientos será también una gran oportunidad para el emprendimiento.

Los drones, la robótica y las impresoras 3D completan una trilogía de tecnología convergente ligada al nuevo hardware innovador. Las tecnologías convergentes son sistemas de conocimiento científico y tecnológico que tienen fuertes sinergias entre sí; y son a la vez, tecnologías facilitadoras: entre ellas la nano, bio, info y cognotecnologías. la trilogía que aquí hemos analizado de tecnología convergente abre nuevos modelos de negocio. Las impresoras 3D supondrán quizás un mayor impacto en el usuario final.

Y para finalizar, uno de los grandes innovadores y emprendedores de nuestro tiempo , Steve Jobs, compañero en la fundación de Apple de Steve Wozniak (quien ha prologado este libro) decía "Estoy convencido de que aproximadamente la mitad de lo que separa a los emprendedores exitosos de los no exitosos es la pura perseverancia."

Yo añadiria que también la pasión por lo que haces. Atrévete a innovar. Atrévete a soñar.

Epílogo

Para todas aquellas personas que un dia se atrevieron a innovar, a todas aquellas que este libro al menos les dio un rayo de esperanza para crecer muchas gracias.

Nada deja mejor a este libro que ya toma vida propia, como el hecho de que mucha gente haya dado lo mejor de su vida por hacer algo útil por la humanidad.

El talento de las personas está quizás en los lugares más insopechados. Con un entorno favorable el talento se multiplica. Que hubiera sido de la humanidad si innovadores que han marcado la historia hubieran nadico en otro lugar donde hubiera menos oportunidades.

¿Que hubiera sido del mundo si el creador de Apple, Steve Jobs, o el propio Steve Wozniak que prologa este libro, hubieran nacido en un país como Burkina Faso que se encuentra en el último lugar en el índice de desarrollo humano de la ONU?. Imaginenselo.

Mejor imaginar un mundo que crece con la innovación, con la educación al alcance de todos, con los valores de solidaridad y de fraternidad como principios de nuestro crecimiento. La tecnología y la innovación serían un buen acicate para el progreso social de la humanidad. Sin igualdad de oportunidades no hay educación, y por consiguiente no hay socialización del conocimiento y hay menos probabilidad de que haya innovación, y menos desarrollo humano.

www.ingramcontent.com/pod-product-compliance
Lightning Source LLC
Chambersburg PA
CBHW041308210326
41599CB00003B/22